EXPRESSÃO E LINGUAGEM

Blucher

EXPRESSÃO E LINGUAGEM

Aspectos da teoria freudiana

Janaina Namba

Expressão e linguagem: aspectos da teoria freudiana

Editora Edgard Blücher Ltda.

Imagem da capa: iStockphoto

SÉRIE PSICANÁLISE CONTEMPORÂNEA
Coordenador da série Flávio Ferraz
Publisher Edgard Blücher
Editor Eduardo Blücher
Coordenação editorial Bonie Santos
Produção editorial Isabel Silva e Luana Negraes
Preparação de texto Cristine Akemi
Diagramação Negrito Produção Editorial
Revisão de texto Beatriz Carneiro
Capa Leandro Cunha

Blucher

Rua Pedroso Alvarenga, 1245, 4º andar
04531-934 – São Paulo – SP – Brasil
Tel.: 55 11 3078-5366
contato@blucher.com.br
www.blucher.com.br

Segundo o Novo Acordo Ortográfico, conforme 5. ed. do *Vocabulário Ortográfico da Língua Portuguesa*, Academia Brasileira de Letras, março de 2009.

Dados Internacionais de Catalogação na Publicação (CIP)
Angélica Ilacqua CRB-8/7057

Namba, Janaina

Expressão e linguagem : aspectos da teoria freudiana / Janaina Namba. – (Série Psicanálise Contemporânea /coordenada por Flávio Ferraz) – São Paulo : Blucher, 2020.

260 p.

Bibliografia

ISBN 978-85-212-1913-2 (impresso)
ISBN 978-85-212-1914-9 (eletrônico)

1. Psicanálise. I. Título. II. Ferraz, Flávio. III. Série.

20-0262 CDD 150.195

Índice para catálogo sistemático:
1. Psicanálise

Para os meus queridos Pedro e Manuela.

Um passarinho estava cantando.
Mas do momento em que ele tentou concretizá-lo,
o passarinho deixou de ser um símbolo e de repente
não era mais aquilo que se pode chamar de passarinho.

Clarice Lispector

Conteúdo

Apresentação

No ano de 1891, Freud, em *Contribuição à concepção das afasias*,[1] faz extensa crítica à neurologia do século XIX, que defendia uma localização anatômica cerebral para funções mentais. Logo no início desse texto, o autor afirma que se utilizará de casos já descritos na literatura para propor uma nova concepção de afasias e destaca que o funcionamento da linguagem se encontra intrinsecamente ligado ao funcionamento psíquico: "os processos fisiológicos não são interrompidos onde começam os processos psíquicos" (Freud, 1891/2002, p. 105, tradução nossa). Estes últimos não seriam

1 A versão utilizada (4ª edição, de 2002) de *Contribuição à concepção das afasias* (1891) de Freud foi a tradução francesa realizada por Claude Van Reeth, publicada pela PUF, pela primeira vez em 1983 (*Contribution à la conception des aphasies: une étude critique*), que pertence à coleção dirigida por Jean Laplanche (Bibliothèque de Psychanalyse). Atualmente, contamos com traduções brasileiras realizadas diretamente do alemão. Por exemplo: *Sobre a concepção das afasias: um estudo crítico* (Autêntica, 2013, tradução de Emiliano de Brito Rossi; e *Sobre a concepção das afasias; As afasias de 1891* (Zahar, 2014, tradução de Renata Dias Mundt). Esta última edição conta com o texto de Luiz Alfredo Garcia-Roza, *As afasias de 1891*, de 1991.

localizáveis como ditava a neurologia da época, mas estariam encadeados e em situação de dependência com os processos fisiológicos. Como consequência, teríamos que a ativação do córtex cerebral decorrente de uma excitação nervosa seria ela própria responsável pela modificação do tecido cortical, funcionaria como uma impressão, uma marca no tecido que viria a registrar uma possibilidade de memória. Portanto, a memória não se encontra circunscrita em células, embora tenha como substrato o tecido nervoso, "lugar" por onde percorrem estímulos provenientes tanto do interior como do exterior do corpo. Esses estímulos estariam inscritos como traço, como representação. E as representações continuam a ser imagos, mas que, segundo Luiz Roberto Monzani, "não possuem mais o valor representativo conferido pelo pensamento clássico, subsistem em função do que são e do lugar em que estão" (Monzani, 2005, p. 129). Essas representações que envolvem a memória são inconscientes e só farão parte da consciência ao se unirem às representações verbais, ou seja, possuem um funcionamento autônomo e encadeado que depende de ligações intrínsecas ao aparelho psíquico: "elas não reenviam mais a nada a não ser a si mesmas e à cena de que fazem parte" (Monzani, 2005, p. 129).

Com base nos aspectos descritos, este livro tem como tema a linguagem na teoria psicanalítica freudiana. Particularmente, procuramos abordar o processo de aquisição da linguagem verbal no indivíduo com relação ao desenvolvimento psíquico infantil. Além disso, sugerimos a aquisição da linguagem como parte de um processo primitivo do desenvolvimento da cultura humana. Tanto no indivíduo como na cultura esse processo envolveria um período em que caracterizamos a linguagem como "simbólica", termo que utilizamos na acepção proposta pelo filósofo alemão F. W. J. Schelling, que em sua *Filosofia da mitologia* (Schelling, 1996) dedicou-se a "um insistente combate à interpretação alegórica do mito – herança renitente dos estoicos – e na afirmação reiterada de que o mito fala por si mesmo e de si mesmo: não fala de outra coisa." (Schelling, citado por Torres Filho, 2004, p. 111). Também em seu curso de Filosofia da Arte (Schelling, 1859/2001), ele

> *ensina o caráter eminentemente simbólico das figuras dos deuses: Júpiter é o símbolo (Sinnbild) da identidade absoluta do ser eterno; Minerva nasce adulta e armada de sua divina cabeça, é o símbolo da forma absoluta e do universo. Mas elas não o significam, elas o são em si mesmas. (Torres Filho, 2004, p. 111)*

Ou ainda, como explica Rubens Rodrigues Torres Filho, se essas figuras significassem algo além de simplesmente serem elas mesmas, estaria anulada toda a sua independência poética. Da mesma maneira, se a linguagem em Freud fosse considerada desde o início como um conjunto de signos alegóricos, estaria anulada a autonomia das palavras em relação às coisas que elas podem significar.

Descrevemos esse período simbólico, infantil ou da cultura como um período de indiferenciação entre o que é consciente e inconsciente, em que a barreira da censura ainda não foi completamente erigida. Mas mesmo depois de estabelecida a censura e de ter ocorrido uma completa separação entre consciência e inconsciente (nos termos da primeira tópica freudiana), podemos observar ainda algumas situações em que há uma suspensão dessa barreira e um verdadeiro mergulho da consciência a resgatar tanto forma como conteúdo do inconsciente. Seriam elas o chiste, a obra de arte e a própria clínica analítica. Esse período simbólico, seja no indivíduo, seja na cultura, se encerraria assim que as palavras deixassem de ser tratadas como coisas, os utensílios e as representações se tornassem alegóricos, isto é, ganhassem um sentido outro do que se tomados em si mesmos.

A concepção de símbolo, ou do que Freud chama de simbólico, é um tanto quanto diversa da acepção concebida por Schelling. Freud se refere ao símbolo como algo que possui um outro significado além daquele que encerra em si mesmo, como um dos mecanismos de desfiguração, seja essa última aplicada ao sonho ou ao sintoma. Ou seja, o símbolo seria um substituto de algo outro que não pode ser mostrado explicitamente. A respeito do simbolismo do sonho, Freud afirma que "simbólica é uma relação constante entre um elemento onírico e sua tradução, e símbolo seria o próprio elemento onírico do pensamento inconsciente" (Freud, 1915/2003a, p. 137, tradução nossa). Uma relação simbólica envolveria, portanto, uma tradução ou a revelação de um significado outro que aquele que se encerra em si mesmo. Dessa relação, o que poderíamos dizer é que somente o símbolo pode se tornar consciente, pois nos sonhos ele "nos mostra, sob a forma de um cumprimento do desejo, os desejos que foram reprimidos e os objetos aos quais a libido, outrora subtraída do ego, se ateve" (Freud, 1917/2003b, p. 415, tradução nossa). Os sintomas, por sua vez, seriam satisfações substitutivas, disfarces simbólicos que poderiam significar, justamente, o enlaçamento de uma proibição a uma satisfação (Freud, 1925/2004a, p. 107, tradução nossa). Além disso, encontramos no processo de cura, pelo mecanismo de transferência, um simbolismo que reside na figura do analista. Este último desempenha inúmeros papéis para o paciente de modo que ele próprio se torna um símbolo representante de algo outro, e, nesse sentido, um substituto dos objetos da fantasia.

Em suma, um *símbolo* é para Freud o que Schelling chama de *alegoria*. Ora, se aqui utilizamos a concepção de símbolo tal como proposta por Schelling, e não a de Freud, é porque nos pareceu pertinente para explorar, no indivíduo, o período em que as palavras eram tratadas como coisas; período esse que é retomado posteriormente por uma confluência entre consciência e inconsciente, tal como ocorre no chiste e na obra de arte. Nesses períodos ou situações, a desfiguração ocorrida no sonho ou no sintoma não é necessária, como se tornará quando houver a instituição de uma separação completa entre consciente e o inconsciente por meio da repressão ou do recalque. Portanto, não se trata aqui de uma discordância em relação à teoria freudiana sobre o simbolismo dos sonhos senão da introdução de uma *precisão* a essa teoria. O que nosso autor chama em geral de *simbolismo*, dividimos aqui em *símbolo* e *alegoria*, termos que indicam, cada um à sua maneira, diferentes formas possíveis de expressão inscritas na própria linguagem.

1. De concepções sobre as afasias a uma linguagem simbólica

O cheiro de madeira, palha e serragem da casa de comércio, as ruas brancamente poeirentas, iluminadas por um sol vertical, . . . a partir da janela, tudo ficou contaminado por um sinistro e mais ou menos preciso valor simbólico.

Casares (2006), *Histórias fantásticas*

Concepções das afasias na neurologia contemporânea

O estudo das desordens da linguagem serve para iluminar a relação abstrusa existente entre as funções psicológicas e a anatomia e a fisiologia do cérebro. Os mecanismos da linguagem recaem tanto sobre as bem-localizadas funções sensoriomotoras quanto sobre as mais amplamente distribuídas e complexas operações mentais como imaginação e pensamento, os quais não podem ser localizados. (Victor & Ropper, 2001, p. 499, tradução nossa)

A citação anterior, proveniente de dois conceituados autores da neurologia contemporânea, indica de certa maneira como foi delineado o estudo dos distúrbios da linguagem por parte da medicina desde o século XIX. Ainda que de uma maneira sutil, a indicação se encontra na própria linguagem utilizada, ou seja, na afirmação de que existem certas operações mentais que não são localizáveis a par de outras que podem sê-lo (por exemplo, as funções sensoriomotoras).

A partir do estudo dos distúrbios de linguagem classificados por afasias, veremos como Freud se contrapõe à orientação localizacionista da neurologia do final do século XIX e propõe uma reorientação desse estudo das afasias, abandonando, portanto, o enfoque anatomopatológico, ou seja, reorienta um estudo antes calcado na anatomia para o do funcionamento da linguagem, conseguindo extrair algumas implicações do próprio funcionamento psíquico.

Na neurologia contemporânea é considerada a existência de uma dominância hemisférica (predomínio de um hemisfério em relação ao outro), pois há diferenças hemisféricas, sejam relativas à fala, sejam relativas à motricidade de um lado do corpo sobre o outro. Há suposições quanto à dominância hemisférica, de que ela seja concomitante ao desenvolvimento da fala e ao desenvolvimento motor: "uma ausência do desenvolvimento ou perda da dominância cerebral resultante de determinadas doenças causa uma perturbação de ambas as características, e, portanto, o aparecimento de afasias e apraxias" (Victor & Ropper, 2001, p. 499, tradução nossa). Desde o século XIX foram determinadas algumas áreas corticais e subcorticais relativas à linguagem e à fala, no que diz respeito tanto aos aspectos motores como aos sensoriais. No entanto, tais áreas não são microscopicamente delimitadas nem representam "estruturas histológicas circunscritas de função constante" (Victor & Ropper, 2001, p. 501, tradução nossa) – ou seja, não há como dizer que a tais áreas cabe de fato a responsabilidade pela articulação da linguagem, o que explica a grande diversidade de opiniões a respeito desse assunto ainda nos dias de hoje.

Apesar da controvérsia quanto à exata delimitação dessas áreas, o estudo neurológico contemporâneo dos distúrbios da linguagem é baseado no que delas se pode inferir, seja negativamente, pela presença de lesões; seja positivamente, pela estimulação elétrica direta dessas regiões e a posterior observação de suas funções; ou mesmo indiretamente, por meio de experimentos nos quais, mediante tarefas específicas, observa-se a atividade sanguínea cerebral da área investigada. De acordo com Victor e Ropper (2001, p. 501), os estudos neurológicos relativos aos distúrbios da linguagem dividem-se atualmente em quatro principais categorias:

1) Perda ou prejuízo da produção e/ou compreensão da fala ou da linguagem escrita, devido a uma lesão cerebral adquirida. Essa condição se chama afasia ou disfasia.

2) Distúrbios de linguagem e da fala por doenças que afetam globalmente as funções mentais superiores, como confusão, delírio, retardo mental e demência. Nessas patologias, o que normalmente ocorre é a perda gradual dos elementos da linguagem sem a emergência dos sintomas clássicos das síndromes afásicas. É muito comum nessa categoria a presença de algumas desordens, como as ecolalias, isto é, a repetição de palavras numa mesma frase ou a repetição de frases inteiras.

3) Deficiência na articulação da linguagem falada sem implicação de operações como compreensão da linguagem verbal, da linguagem escrita e da construção sintática do discurso. Esta é uma desordem puramente motora que atinge a musculatura da articulação verbal, seja por flacidez,

espasticidade, rigidez etc., normalmente chamada de disartria, ou anartria. Essa categoria envolve distúrbios da fala, não da linguagem.

4) Alteração ou perda da voz por alguma desordem laríngea, seja na estrutura, seja na inervação. Nesta categoria, encontram-se em geral afonias ou disfonias sem prejuízo da linguagem.

Apresentaremos agora, de uma maneira mais detalhada, a clínica das afasias do ponto de vista neurológico contemporâneo. As afasias se dividem em quatro tipos: afasias motoras, também chamadas *afasias de Broca*, que são afasias de expressão; afasias sensoriais, também chamadas *afasias de Wernicke*, que são afasias receptivas; afasias globais ou totais, com perda completa ou incompleta tanto da fala como da linguagem; e afasias de condução, que são uma das síndromes de dissociação da linguagem caracterizadas por agnosias (incapacidade de reconhecer objetos ou símbolos sem perturbações sensoriais), sejam elas auditiva-verbal e visual-verbal, ou, ainda, alguns tipos de mutismo. É importante assinalar que o termo "agnosia", que faz parte do vocabulário utilizado atualmente nos estudos neurológicos, foi cunhado pelo próprio Freud em 1891, em *Contribuição à concepção das afasias*. O que não deixa de ser curioso, pois é a partir dessa obra que ele irá contestar a legitimidade da linguagem e dos conceitos da medicina, propondo deslocamentos semânticos que dão um outro sentido ao estudo das afasias.

Ao comentar um achado mais recente da medicina de sua época no estudo das afasias, Freud diz o seguinte:

> *Em 1861, Paul Broca apresentou à Sociedade anatômica de Paris os dois resultados de dissecções que lhe permitiram concluir que uma lesão da 3ª circunvolu-*

> *ção frontal esquerda leva a uma perda total ou uma redução importante da linguagem articulada, sendo que a inteligência e as outras funções da linguagem remanescente se encontram intactas. (Freud, 1891/2002, p. 52, tradução nossa)*

Este trecho de *Contribuição à concepção das afasias* remete à descoberta de Broca como um glorioso capítulo da história do conhecimento do cérebro. O tom adotado é quase irônico, pois uma passagem imediatamente anterior se opõe de maneira crítica às teorias correntes das afasias (de Wernicke e de outros autores) às quais Broca está associado. Essas teorias se contentam em descrever as funções mentais conforme sua localização no cérebro. Para tanto, não dispunham de outros recursos além da anatomia patológica. Mas uma função não se explica por sua localização.

Apesar da crítica de Freud, as afasias não só carregam os epônimos de seus descobridores como mantêm a ideia de lugares anatômicos responsáveis por funções. Para termos uma noção da força e persistência dessa teoria, até hoje as síndromes afásicas são classificadas de acordo com as áreas lesadas e com os sintomas decorrentes da lesão.

As afasias motoras, ou afasias de Broca, envolvem uma deficiência na produção da linguagem em sua expressão, sem que existam distúrbios no aparelho muscular da fala. As áreas corticais que dizem respeito à produção da linguagem equivalem às áreas 44 e 45 de Brodmann,[1] correspondentes, no hemisfério esquerdo do cé-

---

1 Em 1909, Korbinian Brodmann propôs uma divisão cortical em 52 áreas, com base tanto nas estruturas distintas das células nervosas quanto nos arranjos característicos que formam as camadas celulares. Desse modo, vê-se que o córtex cerebral humano não é uma estrutura uniforme, e apresenta diferenças quanto à espessura e à densidade. Ao microscópio, podem ser observadas

rebro, ao giro frontal inferior (parte triangular, opercular e o ramo ascendente), e à área 43, correspondente à região do giro pós-central. Outra estrutura envolvida na produção da linguagem falada é o corpo estriado subcortical que se encontra no centro branco medular na base do cérebro (Figura 1.1).

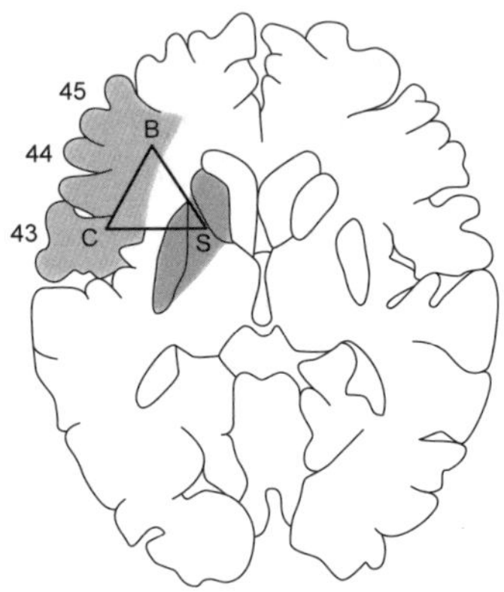

Figura 1.1 *Corte transversal do cérebro. Áreas cinzas: 43, 44 e 45 de Brodmann. B: área de Broca; C: giros pré e pós-central; S: striatum ou corpo estriado subcortical (centro branco medular, constituído por fibras de projeção ou por fibras de associação). Lesão em quaisquer dos componentes B, C, ou S pode produzir uma afasia transitória de Broca. Já uma lesão mais ampla que envolva todos os componentes produz uma afasia de Broca severa e persistente com uma fala agramatical e esparsa, mas com a compreensão preservada. Fonte: adaptada de Victor e Ropper (2001, p. 507).*

---

até seis camadas no isocórtex ou neocórtex. O arquicórtex e o paleocórtex, que constituem, respectivamente, a formação hipocampal e o córtex olfatório, apresentam apenas três camadas básicas. A diferença na organização, no tipo de célula, assim como nos padrões das fibras dessas células que compõem as vias, servem como referência na elaboração de mapas citológicos do próprio córtex, isto é, na determinação de áreas corticais (Kandel, E. R.; Schwartz, J. H.; Jessell, T. M. [1995]. *Essentials of neural science and behavior*. New York: McGraw-Hill Education).

Lesão em um dos componentes ou em uma das vias que ligam esses componentes um ao outro pode levar à afasia de Broca transitória; mas, no caso de lesões mais extensas, que abrangem todos os componentes, pode ocorrer uma afasia de Broca severa e persistente, que apresenta como sintomas uma fala esparsa e agramatical, apesar de a compreensão se manter inalterada.

A Carl Wernicke, de Breslau, são creditadas muitas das ideias do estudo contemporâneo das afasias. Wernicke, além de ter apresentado uma descrição detalhada da afasia sensorial que leva seu nome, propôs o mapeamento de duas áreas anatômicas principais concernentes à linguagem, a saber, a área de Broca (região anterior do lobo frontal inferior – áreas 44 e 45 de Brodmann do lado esquerdo), onde estariam situadas imagens de movimento da fala, bem como a região insular e porções adjacentes do córtex posterior perissilviano (atualmente área 22 de Brodmann, junção dos lobos parietal e temporal à esquerda, onde estariam situadas as imagens de sons, como pode ser visto na Figura 1.2).

Propôs ainda, com base em pesquisas anatômicas e observações clínicas, que haveria vias de associação responsáveis pela ligação entre estas duas principais áreas da linguagem que mediariam o que poderíamos supor como um "arco reflexo psíquico" entre a palavra ouvida e a falada. Uma interrupção destas vias, que pertencem ao fascículo arqueado (ou fascículo longitudinal superior), provocaria o que Wernicke denominou *afasia de condução*, posteriormente chamada de afasia central, responsável por uma inadequação na escolha de palavras durante a fala (parafasia). Embora a compreensão permaneça intacta, seria rompida a ligação conveniente entre imagens sonoras verbais e imagens motoras verbais. E, ainda segundo Wernicke, as afasias sensoriais seriam provocadas pela destruição da área sensorial e apresentariam características como distúrbios de compreensão da linguagem falada, distúrbios

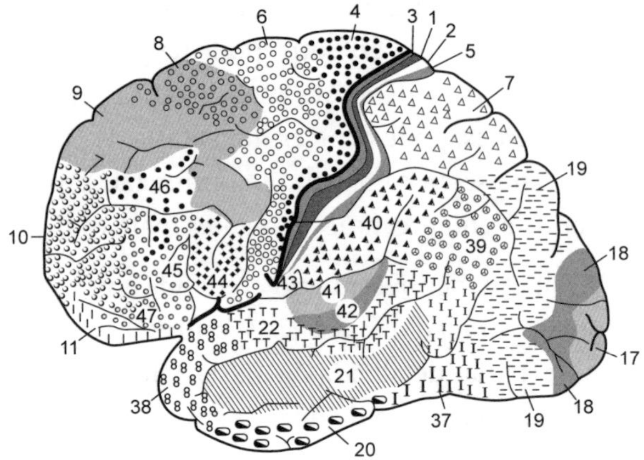

Figura 1.2 *Face superior lateral do hemisfério esquerdo. Mapa citoarquitetônico do córtex cerebral humano. As áreas 22, 41, 42, 39 e 40 são as regiões descritas por Wernicke como áreas sensoriais da fala. Lesões nas áreas 22 e 39 provocam a perda da compreensão da linguagem falada e escrita e da capacidade de escrever. Lesões que provocam as afasias de condução são correspondentes internos, não corticais, das áreas 41 e 42. Fonte: adaptada de Carpenter (1995, p. 379).*

de compreensão de sinais escritos (alexia), incapacidade de escrever (agrafia) e fala parafásica fluente. Atribuem-se hoje à afasia de Wernicke duas características principais:

> *O prejuízo na compreensão da linguagem falada, que tem por características: uma inabilidade para diferenciar elementos de palavras, ou fonemas tanto falados quanto escritos, reflete um envolvimento das áreas auditivas de associação e acarreta uma fala parafásica relativamente fluente que revela o principal papel da região auditiva na regulação da linguagem; e de uma*

> *maneira secundária tem-se uma inabilidade de repetir tanto palavras escritas quanto faladas. (Victor & Ropper, 2001, p. 508, tradução nossa)*

A crítica freudiana à neurologia do século XIX

Em tom jocoso, Freud diz que "graças a essa pequena descrição, à qual teve seu nome ligado, pode-se dizer que [Wernicke] possui um mérito eterno" (Freud, 1891/2002, p. 52, tradução nossa) pela descoberta da afasia sensorial. Como dissemos, a crítica realizada por Freud dirige-se à teoria localizacionista, na qual funções são determinadas por regiões corticais específicas. Pode-se acrescentar que a crítica se estende também ao fato de que apenas algumas funções seriam localizáveis, isto é, de que a localização se restringe às funções mais simples como percepções simples, ou ações simples que supostamente envolveriam apenas uma área do cérebro, enquanto outras funções mais complexas, como as cognitivas, que envolvem diversas regiões, não seriam, por assim dizer, localizáveis.

De acordo com Wernicke e outros localizacionistas, as funções mais elementares localizáveis são as mais diretas, ou seja, as percepções visual, auditiva, tátil, gustativa e olfativa. Assim, uma percepção visual poderia ser encontrada na terminação central do nervo óptico, uma percepção auditiva se encontraria na região de extensão do nervo acústico etc. Já funções mais complexas, que envolvem a combinação de várias representações, como uma ligação de representações a um conceito, dependem de operações de sistemas de associação de diferentes áreas corticais e não são localizáveis (Freud, 1891/2002, p. 53).

De acordo com os localizacionistas, uma função deve ser determinada por um lugar específico do cérebro e tem como unidade elementar uma representação de memória contida numa célula:

> *A superfície cerebral, com 600 milhões de corpos celulares segundo a estimativa de Meynert, oferece um número suficiente de lugares de reserva, onde podem ser acumuladas sem dificuldade, umas após outras, as impressões sensoriais do mundo exterior. Essas são resíduos de excitações passadas que povoaram o cérebro e que propomos chamar de imagens mnêmicas. (Freud, 1891/2002, p. 53, tradução nossa)*

Detenhamo-nos neste verdadeiro absurdo. Estas células, que são imagens mnêmicas do movimento da fala ou imagens sonoras, se encontram restritas a centros sensoriais ou motores e estes, por sua vez, se encontram ligados por um feixe de fibras nervosas. Freud atenta para o fato de que Wernicke não especifica se a ligação feita entre esses centros se daria por um feixe de fibras brancas[2] ou se ocorre por meio da substância cinzenta da ínsula,[3] pois cabe somente às fibras brancas realizar uma ligação entre verdadeiros centros de neurônios, sugerindo que essa região não se comporta de fato como um verdadeiro centro, mas, ao contrário, abriga células que se encontram associadas entre si. O distúrbio de linguagem decorrente de uma lesão dessa via tem o nome de afasia de condução ou parafasia, em que tanto a compreensão como a articulação das palavras se encontram intactas,

---

2 Fibra branca: prolongamento da célula nervosa que é envolvido pela bainha de mielina (camada gordurosa) que aumenta a velocidade de transmissão neural.

3 Lobo da ínsula: é uma área cortical invaginada e incrustada na região do sulco lateral (que divide o lobo temporal dos lobos parietal e frontal).

mas ocorre uma confusão no emprego das palavras articuladas (Freud, 1891/2002).

Se por um lado a crítica de Freud se destina à explicação das afasias em termos de localização, podemos também apontar para algumas críticas implícitas com relação às imprecisões na delimitação dos centros da linguagem na região cerebral da ínsula, pois apesar de Wernicke atribuir a ela o nome de centro, acaba por tratá-la como uma via associativa. Mas uma via é um feixe nervoso, e um centro é um aglomerado de células nervosas. Wernicke comete outras imprecisões relativas às causas das parafasias. Observam-se parafasias em estados de "fadiga, atenção dividida ou outros efeitos perturbadores" (Freud, 1891/2002, p. 63, tradução nossa), e não apenas em casos de lesões que interrompam o trajeto entre os centros da fala e da linguagem.

Vemos assim que as parafasias não podem, estritamente falando, ser consideradas como um fenômeno isolado da linguagem, mas devem ser inseridas numa "dimensão mais ampla, como um sintoma puramente funcional, como um signo de menor eficiência do aparelho de associações da linguagem" (Freud, 1891/2002, p. 63, tradução nossa). Mesmo que sejam observadas como sintoma orgânico e particular, não é possível inferir disso que as parafasias sejam provenientes de uma lesão que interrompa a ligação entre os centros sensorial e motor. Freud nos instiga perguntando-nos quais seriam as consequências de uma interrupção como essa, ao que ele mesmo responde: "a função da via é de uma linguagem imitativa" (Freud, 1891/2002, p. 61, tradução nossa), e o aprendizado da linguagem consiste na reprodução de um som verbal registrado. A lesão impossibilitaria a linguagem imitativa ou mimética, mas não prejudicaria a linguagem espontânea ou a capacidade de falar em geral, sendo que na clínica nunca houve notícias de uma dissociação como esta. A conclusão é que a capacidade de repetição se mantém preservada enquanto houver palavra e compreensão, o que requer a preservação dos centros da linguagem. A existência de afásicos motores representa uma exceção à crítica de Freud, pois estes são incapazes de realizar uma repetição quando convidados a repetir o que lhes é dito, embora pudessem dizê-lo de maneira espontânea. Mas trata-se de um caso específico, uma vez que a repetição forçada é que se encontra prejudicada. Este exemplo foi descrito em 1878 por Hughlings Jackson, que observou que pacientes incapazes de falar e repetir (com afasia motora) ocasionalmente reproduziam um xingamento, ou uma "palavra complicada" na "fala remanescente" da qual se valiam (Greenberg, 1997, p. 33).

Ao dizer que as parafasias devem ser inseridas num contexto mais amplo, Freud explicita ainda mais a sua rejeição à determinação das funções por uma anatomia topográfica e estática. Do mesmo modo, ao referir-se aos esquemas de Lichtheim, ele ressalta que o modo como são tomados os centros e as ligações estabelecidas entre eles poderiam bem servir a um estudo patológico de áreas corticais da linguagem, mas não para a fisiologia da linguagem (Figura 1.3).

Ou, como explica Spehlmann,

> *As afasias são concebidas e expressadas como dificuldades de estabelecer associações, como desdobramentos energéticos no centro expandido da linguagem, como modificações funcionais. . . . Se, por um lado, a modificação funcional não é anatomicamente visível e pode ser percebida somente em ações, por outro ela repousa sobre as propriedades objetivas do sistema nervoso. (Spehlmann, citado por Freud, 1891/2002, p. 22, tradução nossa)*

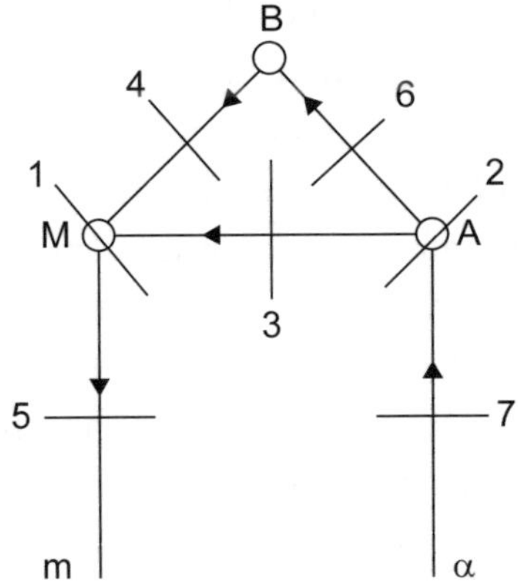

Figura 1.3 *Esquema de Lichtheim: M: centro motor (área de Broca); A: centro acústico ou sensorial da linguagem (área de Wernicke); B: inúmeras regiões do córtex cerebral, a partir das quais a linguagem pode ser acionada; a é a via sensorial de entrada e m, a via motora de saída. 1 e 2 designam lesões nos centros responsáveis pelas afasias motora e sensorial, respectivamente. A numeração que vai de 3 a 7 corresponde a lesões nas vias que ligam os diversos centros. 3: afasia de condução, 4: afasia motora transcortical, 5: afasia motora subcortical, 6: afasia sensorial transcortical e 7: afasia sensorial subcortical. Fonte: adaptada de Freud (1891, p. 56).*

Podemos dizer que, em vez de pensar a função como decorrência de uma porção anatômica, Freud propõe que ela seja tomada por si mesma, isto é, como se fosse determinada por processos de associação, ou como alterações energéticas que em si mesmas caracterizam uma função e provocam modificações que podem ser observadas apenas indiretamente, seja pela regressão da função, seja pela redução de sua eficiência. Ou, como ele diz na seção V de *Contribuição à concepção das afasias*, muito provavelmente o arranjo das fibras de projeção, que são associações entre "centros", "repousa sobre um princípio puramente funcional" (Freud, 1891/2002, p. 103, tradução nossa).

Nesta seção, Freud se desloca do campo exclusivo dos distúrbios da linguagem para uma apreciação mais geral de uma significação cerebral, justificando assim uma relação entre os distúrbios da linguagem e a atividade cerebral global, para depois, paralelamente à teoria das afasias e sob a influência das teorias jacksonianas de 1878, abordar os conceitos de evolução e involução. A partir das críticas destinadas à teoria de projeção de Meynert (por volta de 1867-1869), segundo a qual há, em toda a extensão do córtex cerebral, uma correspondência para todos os pontos da periferia do corpo inervados pelo sistema nervoso, Freud anuncia que há uma *representação*, não uma projeção, como modo de reprodução da periferia corpórea no córtex cerebral. De acordo com Meynert, as fibras nervosas que ascendem da periferia do corpo (a partir dos órgãos sensoriais) até o sistema nervoso central, mais precisamente na região cortical, percorrem caminhos que são interrompidos por núcleos subcorticais localizados na medula espinal, no tronco cerebral e no diencéfalo. Esses núcleos não teriam outra função se não a de interromper as fibras que por eles passam, o que resultaria numa fiel projeção topográfica das impressões periféricas no córtex cerebral.[4]

Freud propõe, já em 1891, que haja uma representação cortical da periferia do corpo e não uma projeção, por duas razões. Em primeiro lugar, porque a quantidade de fibras que sai da periferia até a medula espinal é muito maior que a quantidade de fibras que parte da medula espinal para o córtex, o que impediria uma reprodução ponto a ponto. Em segundo lugar, e mais importante, Freud sugere uma mudança do conceito de núcleo de substância cinzenta,

---

4 No entanto, sabemos pela neurologia contemporânea que não há uma reprodução topográfica exata da periferia corpórea no córtex cerebral, mas uma reprodução deformada (homúnculo sensorial e motor) que obedece a uma proporção de fibras que entram e saem dos diferentes núcleos subcorticais (núcleos ou estações cinzentas) até chegar ao córtex.

que não seria mais um local de interrupção das fibras brancas, mas sim um local onde as fibras direcionadas para os núcleos seriam rearranjadas na medida em que convergem ou divergem para um determinado feixe, ou, ainda, que esse seria o local em que essas fibras seriam passíveis de outras associação com fibras provenientes de outras regiões. Estamos aqui diante de uma importante mudança no conceito de núcleo de substância cinzenta. De fato, trata-se de uma mudança funcional. A fibra, após emergir de cada estação cinzenta, onde estabelece conexões, segue para a camada cortical. Em todo ponto de conexão, há, portanto, uma mudança na "significação [*Bedeutung*] funcional" da fibra. Temos assim que os elementos tópicos, ao serem associados, ganham novo significado e forma, e são determinados por um princípio exclusivamente funcional, isto é, que "os fatores tópicos são conservados apenas por concordarem com as exigências da função" (Freud, 1891/2002, p. 102, tradução nossa).

De acordo com Freud, não é possível encerrar uma representação numa única célula, assim como não é possível atribuir uma localização às faculdades mentais como delimitadas pela psicologia, contrariamente do que pretendia a neurologia da época. Ainda assim, ele reconhece o grande mérito de Wernicke quando este diz que apenas os elementos psíquicos mais simples seriam localizáveis; mas se pergunta se Wernicke "não estaria cometendo o mesmo erro de princípio ao tentar localizar no cérebro um conceito complexo, uma atividade mental completa ou apenas um único elemento psíquico" (Freud, 1891/2002, p. 104, tradução nossa). Isso porque o correlato psíquico de um processo fisiológico, ainda que seja simples, também não é localizável: "os processos fisiológicos não são interrompidos onde começam os processos psíquicos" (Freud, 1891/2002, p. 105, tradução nossa), ao contrário, encontram-se encadeados numa relação de paralelismo, dependência e concomitância, o que indica que o correlato fisiológico da representação talvez esteja no âmbito de um processo, ainda que este não seja propriamente incompatível com a localização:

> *Os processos fisiológicos partem de uma região particular do córtex e se estendem para todo o restante deste, ou mesmo ao longo de vias particulares. Assim que entram em curso, eles deixam atrás de si, na camada cortical percorrida, uma modificação – a possibilidade de lembrança. (Freud, 1891/2002, p. 105, tradução nossa)*

Freud pressupõe que a associação entre as regiões corticais não se dê exclusivamente graças às fibras brancas, ou seja, que a excitação cortical possa se estender por diversas regiões em virtude da própria substância cinzenta (projeções de associação cortico-corticais) e pelos feixes de fibras brancas (projeções aferentes ou eferentes específicas). A passagem dessa excitação provoca uma modificação cortical, isto é, deixa como rastro uma alteração do tecido cortical como se houvesse um traço ou impressão, que é a matéria da lembrança.

Se os processos psíquicos estão encadeados aos fisiológicos, o correlato fisiológico de um processo psíquico é também um *processo* fisiológico, ou seja, a partir de alterações da camada cortical determinadas pelo rastro de excitação é que conexões se tornam possíveis, e a partir destas é que imagens mnêmicas se formam. Segundo Freud, uma "ativação frequente do mesmo estado cortical conduz a uma restituição do psíquico sob a forma de uma imagem mnêmica, ainda que na consciência não haja nada semelhante, da parte psíquica, que justifique o nome de imagem mnêmica latente" (Freud, 1891/2002, p. 106, tradução nossa).[5]

5 Cabe aqui uma observação de que Freud já destitui a memória da consciência, e que resgata o psíquico a partir de imagens mnêmicas não latentes, ou seja,

Da pressuposição anterior de que as associações ocorrem mesmo sem uma intermediação de fibras brancas e de que "a localização do correlato fisiológico é então a mesma para a representação e para a associação" (Freud, 1891/2002, p. 107, tradução nossa), conclui-se que não é possível distinguir as localizações de associações e de representações, nem diferenciar vias de centros de linguagem, o que leva Freud a determinar, no final da seção V, que a "região cortical da linguagem é uma área contínua do córtex, no interior da qual se efetuam as associações e transmissões sobre as quais repousam as funções da linguagem" (Freud, 1891/2002, p. 107, tradução nossa).

Na seção VI do mesmo livro, Freud ressalta que verificará quais hipóteses podem ser levantadas quanto aos distúrbios da fala a partir de uma nova concepção do aparelho de linguagem baseada na representação e no funcionamento dos próprios processos de linguagem. Afirma ainda que utilizará uma metodologia inteiramente psicológica, ou seja, alheia aos termos que são caros à neurologia. Podemos observar, então, uma verdadeira desmontagem da teoria localizacionista partindo da própria definição de *palavra* – "palavra é a unidade básica da função da linguagem que mostra ser uma representação complexa, composta de elementos acústicos visuais e cinestésicos" (Freud, 1891/2002, p. 123, tradução nossa) – assim como a construção de uma teoria psíquica do aparelho de linguagem. A palavra, como unidade básica de linguagem, é composta de elementos que, interligados entre si, formam uma representação. Por ser uma composição, a unidade da palavra pode ser desmembrada nos seus diversos elementos, ou seja, em representações de impressões sensoriais que foram posteriormente associadas. Isso quer dizer que a palavra é estruturada como uma associação de representações, a exemplo das representações

---

que foram efetivadas pela persistência de uma mesma ativação cortical.

corticais complexas, que foram formadas de impressões sensoriais individuais que partiram da periferia do corpo.

Representações: a tradução de uma estratificação

Como afirma Valerie Greenberg (1997), "ao negar a teoria da projeção nervosa, Freud oferece um termo próprio, representação. E são as próprias evidências anatômicas que mostram que a imagem da periferia deve ser reconstituída" (Greenberg, 1997, p. 119, tradução nossa). Pode-se dizer, então, que a representação é ela própria uma *interpretação*, pois reconstitui o caminho que se deu desde a periferia até o córtex cerebral como uma interpretação feita pelo sonhador ao ser impelido pelo desejo de dormir no momento em que sonha. Nas palavras de Freud:

> *O desejo de dormir explica a maneira retorcida e caprichosa pela qual o estímulo é interpretado. A interpretação correta da qual a alma no estado de sono é capaz reclamaria um interesse ativo e exigiria o cancelamento do sono; por isso, de todas as interpretações possíveis, só são admitidas aquelas compatíveis com a censura que o desejo de dormir exerce de maneira absolutista. (Freud, 1900/2004a, p. 246, tradução nossa)*

Assim como o sonhador que *interpreta* o estímulo interno, ainda que de maneira desfigurada pela exigência da censura imposta pelo sono, podemos pensar na representação-palavra ou na representação-objeto a partir da forma como se apresentam, isto é, como complexos obtidos a partir de uma reconstituição, de uma interpretação das impressões sensoriais individuais que percorreram diferentes vias e chegam ao córtex, onde por fim são associadas de uma forma que não corresponde exatamente ao estímulo externo que atinge os órgãos sensoriais da periferia do corpo.

Uma *representação-objeto* é composta de elementos visuais, táteis, acústicos e outros; a *representação-palavra* é composta de quatro elementos principais, "imagem motora da linguagem", "imagem visual da letra", "imagem sonora" e "imagem motora da escrita". Estas representações são processos associativos complexos, nas quais os elementos se ligam uns aos outros, sejam eles elementos da representação-palavra, sejam elementos de representação-objeto, sejam ainda representações de palavra e de objeto.

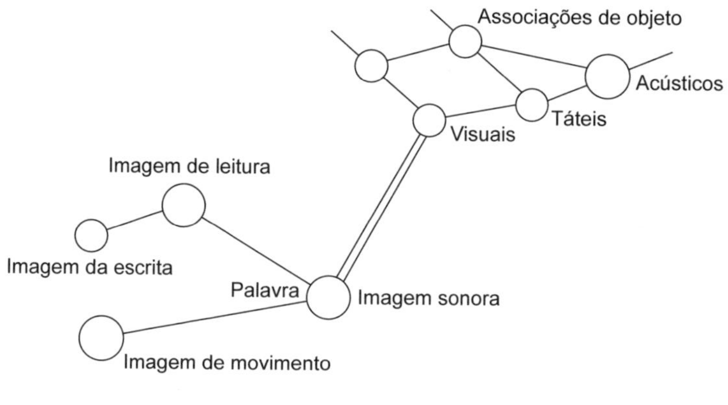

Figura 1.4 *A representação-palavra aparece como um complexo representativo fechado, e a representação-objeto, como um complexo aberto. A representação-palavra está ligada à de objeto apenas pela imagem sonora. As associações de objeto se ligam à imagem sonora pelo componente visual que representa o objeto, assim como a imagem sonora representa a palavra. Fonte: adaptada de Freud (1891/2002p. 127).*

Freud alerta que o conhecimento dessa composição vem da patologia, baseada em casos de lesões orgânicas do aparelho de linguagem e no estudo da localização dessas lesões que podem ser observadas a partir das características deixadas pela supressão de um dos elementos de representação-palavra. A concepção freudiana das afasias implica que haja perturbações na própria composição da representação-palavra, ou seja, que haveria, no próprio plano da linguagem, uma dissociação entre a imagem visual da letra e a imagem sonora da palavra. Ou, ainda, que possa haver uma perturbação da relação estabelecida entre representações de objeto e palavra, em outras palavras, uma perturbação da função que em si mesma determina uma localização. As afasias são classificadas então em afasias de primeira ordem, ou *afasias verbais*, nas quais a perturbação ocorre entre os elementos que compõem a representação-palavra; em afasias de segunda ordem, ou *afasias assimbólicas*, nas quais a relação entre as representações de objeto e de palavra se encontra perturbada; e em afasias de terceira ordem, ou *agnósicas*, em que não há o reconhecimento do objeto, nem mesmo é feita uma associação entre o objeto e sua representação visual.

Para a localização dos distúrbios descritos, Freud utilizou um esquema abstraído das situações anatômicas reais, pretendendo mostrar apenas as relações existentes entre os diversos elementos de associação da linguagem a partir de áreas corticais que pudessem conter as relações dos elementos da linguagem. O mesmo esquema é utilizado por ele em *A interpretação dos sonhos* (1900), quando adverte o leitor para não cair em tentação de determinar a localidade psíquica como se fosse uma localidade anatômica (Freud, 1900/2004a, p. 529). Em *Contribuição para a concepção das afasias*, de 1891, ele diz: "Neste esquema, os círculos não representam os ditos centros da linguagem, mas áreas corticais entre as quais ocorrem as relações de linguagem" (Freud, 1891/2002, p. 131, tradução nossa).

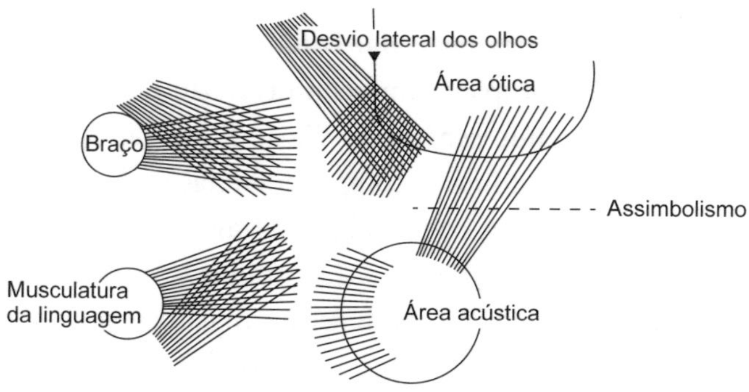

Figura 1.5 *Os centros de linguagem são representados pelos cruzamentos de feixes. As áreas corticais dos nervos acústico e óptico e a musculatura do braço e da linguagem são representadas pelos círculos. As vias associativas que partem dessas áreas e chegam ao interior da área de linguagem estão representadas pelos feixes radiais. As ligações com a área óptica estão separadas em dois feixes, considerando que os movimentos oculares contribuem de maneira particular para a associação da leitura. Ainda temos outras ligações bilaterais da área acústica que não estão indicadas, segundo Freud, tanto para não sobrecarregar o esquema como pela falta de clareza concernente à relação estabelecida entre a área auditiva e o centro acústico da linguagem. Fonte: adaptada de Freud (1891/2002, p. 131).*

Dele é possível extrair, ao observar uma afasia verbal, que lesões bem próximas a essas áreas de linguagem têm um efeito menos intenso que os da supressão dos elementos de associação da linguagem, o que ressalta que o aparelho de linguagem se utiliza de mecanismos puramente funcionais. Isso torna-se evidente quando há a supressão de um único elemento que leva a uma ruptura na relação com os demais elementos de outras áreas. Em casos de agnosia, que se deve normalmente a lesões extensas e bilaterais, o paciente se encontra com o aparelho de linguagem em perfeitas condições, mas não consegue reconhecê-lo visualmente, só é capaz de nomeá-lo quando pode tocá-lo. Nas afasias assimbólicas, permanece a capacidade de repetição mesmo sem a compreensão da palavra repetida. Diferentemente das ecolalias, em que a repetição propicia uma compreensão de algo que não podia ser compreendido senão pela via auditiva, "a repetição parece ser um meio de retomar a complicada relação da palavra, entendida pelas associações com o objeto através de um reforço de sons verbais" (Freud, 1891/2002, p. 133, tradução nossa). Segundo Freud, as afasias assimbólico-verbais são mais frequentes que as assimbolias puras, e se devem a lesões do elemento acústico da linguagem, que conduzem a uma desagregação tanto de associações dentro da representação-palavra quanto das associações estabelecidas entre representação-palavra e de objeto, podendo haver um quadro clínico semelhante ao da afasia sensorial de Wernicke, em que encontramos distúrbios de compreensão, de leitura e de repetição. Ainda que a linguagem espontânea não se encontre suprimida, é possível observar um empobrecimento desta em fragmentos de discurso dotados, no entanto, de significação precisa (Freud, 1891/2002, p. 134).

Aparentemente, Freud dá alguma importância ao "fator topográfico da lesão na sintomatologia dos distúrbios de linguagem" (Freud, 1891/2002, p. 136, tradução nossa) perante duas condições: a primeira, quando a lesão está situada num centro de linguagem, e a segunda, quando o resultado diz respeito à perda de um dos elementos que intervêm na associação da linguagem (proposta no esquema anatômico das áreas associativas da linguagem; cf. Figura 1.5). Mas Freud refere-se aqui a uma topografia que ele mesmo propôs, de centros esquemáticos de linguagem. Trata-se, portanto, de uma topografia baseada na função por ela mesma. A partir de uma alteração desse centro, há uma reação do aparelho de linguagem como um todo, que sofre um rearranjo funcional e reage gerando um rebaixamento das funções. Essa tese Freud encontra em Jackson:

> *A fim de apreciar a função do aparelho de linguagem nas condições patológicas, esposamos a tese de Hughlings Jackson, segundo a qual todos os modos de reação representam casos de involução funcional de um aparelho altamente organizado e que corresponde às etapas anteriores no seu desenvolvimento funcional. Então, em todas as circunstâncias, um arranjo de associações que é ulteriormente desenvolvido e que é de um nível mais elevado se encontrará perdido, ainda que seja mantido um arranjo mais simples que foi adquirido anteriormente. (Freud, 1891/2002, p. 137, tradução nossa)*

Novamente, podemos observar que a consideração da topografia não é estática nem determinante para a disfunção, mas, ao contrário, que a lesão é desvelada pela perda da última função a ser adquirida, ou seja, pela desorganização de uma hierarquia funcional que causa interrupção das associações em cadeia. Como observa Forrester, Freud, ao dizer que o fenômeno afásico ocorre independentemente de uma localização, estava "pavimentando um caminho para o entendimento da histeria como lesão de uma ideia. Em ambos, histeria e afasia, esse entendimento dos dois sistemas de apresentação é conduzido pelas lesões" (Forrester, 1980, p. 30, tradução nossa). Isto é, na histeria o afeto encontra-se reprimido, direcionado ao corpo, e a palavra permanece esvaziada na consciência, como se tivesse sido desvinculada de seu objeto; as palavras perdem seu significado, "tornam-se gestos", tal como no modelo da afasia assimbólica quando há uma falha na ligação entre as representações de objeto e de palavra, e as palavras deixam de ter sentido. Tanto nas afasias como na histeria, a topografia de uma lesão cortical ou de uma determinada *ideia* patológica não está calcada na anatomia cerebral, mas no funcionamento do próprio sistema nervoso, como se houvesse um esfacelamento das camadas funcionais que emergiram junto com o desenvolvimento nervoso e psíquico provocando uma estagnação num estágio precedente ao último estágio de desenvolvimento, isto é, numa camada funcional antecedente à camada funcionalmente esfacelada. Dessa maneira, se "Jackson estendeu a ideia de desenvolvimento progressivo e regressivo aos distúrbios mórbidos da função psicofísica cerebral, Freud foi muito além ao estendê-la aos distúrbios mórbidos do desenvolvimento psíquico total do homem" (Binswanger, 1970, p. 191, tradução nossa).

Apropriando-se do esquema jacksoniano, "Freud estava adotando a noção crucial de níveis funcionais" (Fullinwider, 1983, p. 152, tradução nossa), uma vez que o desenvolvimento progressivo se deve também ao fato de que as operações do sistema nervoso central, que ascendem pelos tratos nervosos desde a periferia, passam por modificações funcionais até chegarem ao córtex cerebral. Como diz o próprio Freud em *Contribuição à concepção das afasias*, "uma fibra que se dirige ao córtex cerebral passa por uma modificação funcional a cada vez que emerge de uma substância cinzenta" (Freud, 1891/2002, p. 102, tradução nossa).

Segundo Jackson, a cada nível funcional há um processo de integração com outros níveis, o que pode vir a confirmar uma determinada função ou reorganizá-la, alterando-a significativamente. Cada nível desempenha uma determinada função, e o nível mais elevado seria o proposicional, no qual "a consciência em virtude de sua supremacia torna outros níveis inconscientes, ainda que não inativos. A chave desse nível proposicional se encontraria na fala" (Fullinwider, 1983, p. 153, tradução nossa).

Com base nessas hipóteses, a decorrência de uma lesão dos elementos que compõem os centros de linguagem seria uma reação generalizada e uma regressão funcional a estágios anteriores no desenvolvimento da linguagem, já que Freud tem em vista a própria evolução do sistema nervoso baseada numa forma-função. Ao sistema nervoso restaria apenas uma involução sistemática, independentemente do motivo, uma perda funcional das *camadas mais exteriores*, isto é, um retorno a um *arranjo mais simples*, precedente no tempo.

Alguns anos mais tarde, nos *Estudos sobre histeria*, de 1895, Freud propõe que o "material psíquico de uma histeria figurasse como um produto multidimensional de pelo menos três estratos" (Breuer & Freud, 1893-1895/2003, p. 293, tradução nossa), compostos de camadas concêntricas que envolvem um núcleo. O primeiro modo de estratificação é linear e cronológico, compõe uma camada e depende de um motivo determinado. No segundo modo de estratificação, encontram-se graus de crescente resistência à rememoração e de alteração de consciência, tendo como ápice o núcleo de recordações patogênicas que não sobreveio à consciência e não pode jamais ser lembrado conscientemente. O terceiro modo, que é, segundo o autor, o mais essencial, equivale a um ordenamento segundo o *conteúdo de pensamento*, em que é realizado um enlace de "fios lógicos" que se dirigem ao núcleo e compõem o sintoma de maneira sobredeterminada (*überbestimmt*). Neste caso, o entendimento do sintoma psíquico como multiplamente estratificado nos conduz a uma ideia de que o desenvolvimento do aparelho psíquico normal também se dá por níveis funcionais ou de sistemas psíquicos que obedecem a um mesmo princípio neurofisiológico, isto é, seguem a mesma regra que já havia sugerido anteriormente, sem haver ruptura entre o fisiológico e o psíquico.

Freud escreve a Fliess em dezembro de 1896:

> *Você sabe que trabalho com a suposição de que nosso mecanismo psíquico foi gerado por sucessiva estrati-*

> *ficação, pois de tempos em tempos o material preexistente de traços mnêmicos experimenta um reordenamento segundo novos nexos, uma retranscrição (Umschrift). (Freud, 1886-1899/2001a, p. 274, tradução nossa)*

A suposição de que o material psíquico é gerado por uma estratificação decorrente do processo de inscrição e reordenamento dos traços de memória baseia-se num modelo de aparelho psíquico composto de sistemas. Segundo Freud, a memória não é preexistente de maneira simples, mas múltipla; ela é registrada em diversas variedades de signos. Compara o registro na memória com o reordenamento que os estímulos externos têm de passar desde a periferia até o córtex cerebral. Um estímulo externo é inscrito ao passar por vários estágios de ordenação a partir dos quais adquire representatividade e só assim pode ser rememorado. Supõe que ocorram ao menos três transcrições, que bem poderiam estar dispostas num substrato neural, mas afirma que "não de uma maneira necessariamente tópica" (Freud, 1886-1899/2001a, p. 274, tradução nossa). Propõe então um esboço "sistematizado" e dividido em estágios composto de neurônios de percepção (P), que, ligados à consciência (Cs), não carregam nenhum traço de memória. São eles: 1) signos de percepção, pelos quais se dá a primeira transcrição, por simultaneidade, o que torna esses signos inacessíveis à consciência; 2) Inconsciência (Ics), quando ocorre a segunda transcrição, "talvez" por causalidade, que reforça a inacessibilidade à consciência; 3) Pré-consciência (Prcs), quando ocorre a terceira transcrição, a ligação dos traços de memória a representações-palavra: "desde esta pré-consciência, os investimentos se tornam conscientes segundo determinadas regras, e certamente esta *consciência* secundária é posterior na ordem do tempo" (Freud, 1886-1899/2001a, p. 275, tradução nossa).

Este esboço feito de estratos é bastante semelhante ao esquema de *A interpretação dos sonhos*. Há, no entanto, algumas diferenças importantes entre eles, por exemplo, a primeira transcrição, que é um marco e que assinala a transformação de uma percepção num signo perceptivo. Tudo o que é percebido pelo aparelho psíquico passa por um processo de representação desde a primeira transcrição; ou, como explica Forrester, é "como se houvesse uma tradução de todas as percepções em sua própria linguagem" (Forrester, 1980, p. 25, tradução nossa). Um signo perceptivo não tem, por definição, acesso à consciência. Tão logo seja transcrito, afasta-se dela e aproxima-se mais de um signo de memória, permanecendo igualmente inacessível à consciência. Apenas ao passarem por uma terceira transcrição, ao serem ligados a representações-palavra, é que tais signos tornam-se suscetíveis de consciência.

Dessa maneira, aquilo que um dia foi percepção, ao ser armazenado, torna-se um signo passível de ser transcrito ao longo de sistemas sucessivos. Ao passar de um sistema ao outro, é necessária uma tradução, ou seja, há uma mudança funcional na medida em que um signo passa de um sistema a outro, tal como a mudança funcional de uma fibra nervosa cada vez que emerge de um núcleo cinzento: "Quero destacar que as transcrições que seguem umas às outras constituem a operação psíquica de épocas sucessivas da vida. Na fronteira entre duas destas épocas, deve ser produzida uma tradução desse material psíquico" (Freud, 1886-1899/2001a, p. 275, tradução nossa).

Freud afirma que para ocorrer uma tradução é necessária uma inibição da "inscrição" anterior, e que a ausência de tradução implica uma vigência das leis psicológicas presentes no período anterior (Freud, 1886-1899/2001a, p. 276, tradução nossa). Em outras palavras, para que o material psíquico seja inscrito no sistema de memória, é preciso haver uma inibição do nível funcional anterior equivalente à percepção-consciência e assim sucessivamente, segundo o esboço utilizado na "Carta 52" (1896). Um processo de tradução negado[6] (*Versagung*) é o que Freud chama clinicamente de *repressão*, que se dá pelo possível desprendimento de desprazer a ser gerado por uma tradução. "É como se este desprazer convocasse uma perturbação do pensar e não consentisse o próprio trabalho de tradução" (Freud, 1896/2001a, p. 276, tradução nossa). Neste caso, temos uma "defesa patológica" gerada por algo previamente inibido, mas que, ao retornar à consciência, se torna responsável por um novo desenvolvimento de desprazer como se fosse atual, e que, portanto, não chega a ser inibido por uma fase seguinte, cujo conteúdo material geralmente revela-se de "natureza sexual e ocorrido dentro de uma fase anterior" (Freud, 1896/2001a, p. 277, tradução nossa).

Podemos assim comparar a defesa patológica descrita ao que Freud chamará de repressão propriamente dita. Em 1915, ele se refere à repressão como um mecanismo de defesa que não se encontra presente desde a origem: "não pode ser engendrado antes que tenha se estabelecido uma nítida separação entre as atividades consciente e inconsciente da alma" (Freud, 1915/2003c, p. 142, tradução nossa).[7] Esta separação não se dá apenas pelos diferentes modos de funcionamento dos sistemas, mas também pela presença de uma barreira de censura que estaria "localizada" entre os sistemas *pré-consciente* e *inconsciente*. Mas, antes da consolidação de

---

6 Optamos aqui por utilizar o verbo negar em vez de denegar como correspondente do substantivo *Versagung* utilizado por Freud, uma vez que o verbete *versagen*, de acordo com o dicionário Langenscheidts, indica negar, recusar.

7 Aqui, alma é utilizada como psiquismo. No texto "Tratamento psíquico" (tratamento da alma – *Psychische Behandlung* [*Seelenbehandlung*]), de 1890, Freud comenta que o "tratamento psíquico pode ser mais bem chamado de tratamento da alma, seja ele para perturbações anímicas ou corporais, mas que de maneira primária e imediata influenciam sobre o anímico do homem" (Freud, 1890/2001e, p. 115, tradução nossa).

uma defesa assim descrita, isto é, para que a repressão se confirme, deve haver uma repressão fundadora da barreira de censura, ou ainda uma repressão responsável pela divisão entre os sistemas. Trata-se de uma *repressão primordial (Urverdrängung)*, em que a agência representante de pulsão tem o acesso à consciência negado. A partir de então, estabelece-se uma *fixação*, isto é, "a agência representante em questão persiste imutável e a pulsão segue ligada a ela" (Freud, 1915/2003c, p. 143, tradução nossa).

Se antes vimos que uma não tradução do conteúdo psíquico se dá como um modo de evitar o desprendimento do desprazer, isto é, como uma defesa patológica, temos agora sintomas como sequelas desse mecanismo repressivo, ou seja, a partir de uma lembrança ou da reativação de um traço mnêmico incompatível com a consciência, tem-se uma nova repressão, ainda que parcial: a lembrança penosa é substituída por outra, uma formação substitutiva mais apropriada à consciência, mesmo que passível de desprazer.

Freud refere-se à agência representante de pulsão como uma representação, ou como um grupo de representações investidas por um determinado montante de energia ou de afeto.[8] Nos termos econômicos da teoria freudiana, como meta genuína da repressão, tem-se "o sufocamento do desenvolvimento de afeto" (Freud, 1915/2003c, p. 174, tradução nossa). Os afetos correspondem a processos de descarga de excitação, e em última instância são percebidos como sensações. Caso ocorra um aumento da excitação que não é sufocada, ele corresponde a sensações desprazíveis. O desenvolvimento e desprendimento do afeto parte do sistema *inconsciente*, processo este que é reprimido à medida que se desenvolve. As representações, por sua vez, são traços mnêmicos

---

8 Cf. apêndice de Las neuropsicoses de defesa sobre a diferença entre afeto e energia. In *Primeras publicaciones psicoanalíticas* (1893-1899), vol. III (José Etcheverry, Trad.). Buenos Aires: Amorrortu Editores, 2005,

investidos que se encontravam enlaçados a esses afetos. Sufocadas e afastadas da consciência, elas permanecem no inconsciente como *formação real* e atuante nesse sistema (Freud, 1915/2003c, p. 174, tradução nossa). Ao serem reprimidas, as representações são separadas dos afetos, o que redunda na perda de investimentos pré-conscientes e no ganho de investimentos provenientes do inconsciente. As representações podem receber investimentos originariamente inconscientes ou tais que, originados no pré-consciente, foram reprimidos e se tornaram inconscientes.

Ao tomarmos essas considerações à luz da "Carta 52", em que "cada reescritura posterior inibe a anterior, retirando-lhe o processo excitatório (e desviando-o para si)" (Freud, 1896/2001a, p. 276, tradução nossa), podemos concluir que toda vez que não houver uma reescritura posterior, haverá uma indicação de que aquela inscrição passou pelo processo de repressão, permitindo que a excitação circule segundo as leis vigentes do período anterior, já que não houve um desvio da excitação para o que seria então traduzido. Todavia, o processo de repressão propriamente dito reforça o mecanismo originário da repressão primordial, que foi definida anteriormente, ou seja, como uma pulsão que segue ligada ao seu representante. Isto parece contraditório se levarmos em conta que a repressão é responsável por uma separação entre montante de afeto e representação. Cabe lembrar, no entanto, que a repressão primordial não existe desde o início, mas é estabelecida, e pode ser pensada como fundadora de uma separação à medida que forma um novo tipo de representação ao unir pulsão e representação. Se temos assim uma repressão que é reforçada por um mecanismo contrário ao mecanismo original, isto é, um reforço que é agente de uma separação, isso só é possível porque na representação primordial encontra-se a fundação de uma representação-modelo em que representante e pulsão se encontram atados.

Essa ligação-modelo primordial oferece a possibilidade para a formação do sistema pré-consciente, ainda que este necessite de representações-palavra para ser passível de consciência. A consequência natural desses processos de inibições e traduções, que constituem as operações psíquicas, seria a própria estruturação e consolidação do aparelho psíquico; e vemos assim que eles são constitutivos do próprio desenvolvimento da linguagem. Daniel Heller-Roazen comenta esse ponto a partir de uma sugestiva comparação,

> *O papel da "tradução" no modelo psíquico (da Carta 52) é decisivo. Mas os processos invocados por Freud parecem ter pouco em comum com a atividade literária usualmente denotada pelo termo tradução. É difícil dizer como poderia existir um tradutor quando a consciência ainda não emergiu. No campo em que os primeiros signos seguem as percepções, que por sua vez excluem toda a memória, tais signos não podem representar um texto original a ser traduzido. Estritamente, podem ser apenas versões (versões das versões) que apontam para um evento que, em si mesmo, é irredutível a toda espécie de notação. (Heller-Roazen, 2005, p. 143, tradução e destaque nosso)*

Ainda que Heller-Roazen invoque a necessidade de uma atividade consciente originária para que haja tradução, o fato é que o modelo da "Carta 52", que fora reformulado em *A interpretação dos sonhos*, mostra que os estímulos que atingem a percepção são percebidos como conscientes (*sistema P-Cs*), e que a consciência está associada à percepção, mas não à memória, o que implica uma perda da consciência, que só será resgatada posteriormente, numa terceira transcrição no sistema pré-consciente, pela ligação com representações-palavra. Ora, ainda que a tradução que ocorre na fronteira entre duas épocas, ou em termos tópicos, entre um sistema e outro, seja anterior à tradução em palavras, a transformação de um estímulo numa linguagem inteligível para o sistema nervoso também implica uma tradução, mesmo que não envolva a consciência, mesmo que só posteriormente se torne consciente.[9]

O que parece invocar Heller-Roazen é que de um texto original, dos estímulos originais, só restam versões no aparelho psíquico, versões que não podem se aproximar do original por este não admitir a notação em outras linguagens. No entanto, se levarmos em consideração a própria definição de tradução, processo por meio do qual tem-se a transformação dos termos de uma linguagem em outra, e, em alguma medida, uma adaptação da estrutura da linguagem receptora à de origem, podemos pensar esse processo de tradução dos moldes literários como eventos externos dotados de um determinado modo de expressão que se transformam numa linguagem adequada ao aparelho psíquico tanto no plano da significação como no de sua estrutura peculiar. Além de eventos que são traduzidos em uma linguagem própria, podemos observar eventos que não apenas foram traduzidos, mas incorporados, e que atualmente, de fato, não passam de representações, de versões que podem mesmo ser designadas como recriações destes eventos, como no caso das pulsões.

Para melhor explicar essa incorporação, cabe aqui lembrar que a excitação que percorre o corpo pode ser proveniente tanto de estímulos externos que o atingiram como de estímulos internos,

---

9 Ou, lembrando o que nos diz Rubens Rodrigues Torres Filho a propósito de um ponto similar na filosofia de Schelling, "já que sem linguagem não é possível pensar não só nenhuma consciência filosófica, mas nenhuma consciência em geral, a linguagem não pode ter sido fundada com consciência" (Torres Filho, 2004, p. 28).

provenientes do próprio corpo. Segundo Freud, esses estímulos internos foram primordialmente estímulos externos a agir sobre os organismos vivos que, ao longo da filogênese, foram interiorizados e na atualidade agem internamente, como no caso específico das pulsões: "as pulsões, ou ao menos uma parte delas, são decantações da ação dos estímulos exteriores que no curso da filogênese influenciaram a substância viva, modificando-a" (Freud, 1915/2003d, p. 116, tradução nossa).[10]

Para Binswanger, todas as transformações pulsionais, sejam elas sociais ou egoístas, de maus ou bons instintos, são, para Freud, produzidas por *coação*, sendo que originariamente, na história da humanidade, elas teriam sido exclusivamente exteriores (Binswanger, 1970, p. 205, tradução nossa). Cabe lembrar que, segundo Freud, se tomarmos a via da filogênese, retrocedendo do homem até os organismos extremamente simples, poderemos intuir que todos os estímulos, que inicialmente vieram do exterior, passaram por um longo processo de interiorização e que "os estados afetivos estão incorporados (*einverleiben*) na vida psíquica como sedimentações de antiquíssimas vivências traumáticas" (Freud, 1926[1925]/2004a, p. 89, tradução nossa).

Em *Para além do princípio do prazer*, de 1920, Freud recorre ao exemplo de um organismo vivo em "sua máxima simplificação", uma vesícula excitável que sofre o embate de estímulos exteriores, os quais contêm grande quantidade de energia que, por sua vez, acaba promovendo o desenvolvimento de uma proteção *antiestímulos* ao redor da vesícula. Há uma transformação da camada mais externa de matéria viva em material inorgânico que age

---

10 Além de falar da decantação das pulsões em *Pulsões e seus destinos*, Freud se refere diretamente a um estímulo exterior interiorizado: "Pode ocorrer que um estímulo seja interiorizado, por exemplo, se ataca ou destrói um órgão; então se engendra uma nova fonte de excitação continuada e de incremento de tensão". Cf. o texto "A repressão" (Freud, 1915/2003c, p. 141, tradução nossa).

como se fosse um filtro de quantidades de energia, evitando assim a passagem de grandes quantidades que poderiam ser fatais. Com o desenvolvimento da proteção, quantidades reduzidas continuam a estimular o organismo e servem de indício para que ele possa "averiguar a orientação e a índole dos estímulos exteriores" (Freud, 1920/2004b, p. 27, tradução nossa). É a partir dessa necessidade de proteção que podemos observar, numa escala filogenética, o desenvolvimento de órgãos receptores especializados, e afirmar que, no caso dos organismos complexos, a modificação ocorreu por meio de uma internalização da camada receptora de estímulos da antiga "vesícula" para dentro do corpo. Ainda que de maneira incompleta, os órgãos sensoriais foram mantidos como receptores de estímulos externos. Esses órgãos filtram a energia externa pela sua própria especificidade de recepção. A retina, por exemplo, só é capaz de captar os estímulos luminosos que se encontram no espectro visível, assim como o tímpano é sensível apenas às ondas mecânicas sonoras dentro do espectro audível e não a outros tipos de onda, como as eletromagnéticas. Tais órgãos são tradutores de estímulos, capazes de transformá-los numa linguagem apropriada ao sistema nervoso, linguagem esta que é, por sua vez, sucessivamente traduzida, até chegar a ser uma representação cortical *recriada* do estímulo externo.

Como já mencionamos, o processo de tradução incorre na inibição das inscrições anteriores entre os sistemas, no aparelho psíquico proposto por Freud. Mas podemos encontrar outras inibições como esta que estão relacionadas ao funcionamento do aparelho psíquico tanto no desenvolvimento neurológico infantil como na linguagem.

Para que haja o desenvolvimento do sistema nervoso na criança, é necessária uma inibição progressiva dos reflexos primitivos para que o movimento voluntário se realize, ou seja, uma inibição de circuitos neurais primitivos para que posteriormente outros se constituam. Por exemplo, no bebê deve haver uma inibição da marcha automática para que ele posteriormente possa realizar os movimentos de flexão e extensão voluntária das articulações dos membros inferiores. Esse processo também pode ser descrito em termos estritamente linguísticos, como faz, por exemplo, Roman Jakobson: "a criança *perde* quase todas suas habilidades para produzir sons ao passar de um estágio pré-linguístico ao da aquisição das palavras, isto é, ao [passar] para o primeiro genuíno estágio da linguagem" (Heller-Roazen, 2005, p. 10, tradução nossa). Jakobson diz que "durante o período de balbucio, a criança produz uma ampla variedade de sons, sendo que quase todos são eliminados ao passar para um estágio em que são faladas poucas palavras" (Jakobson, 1971, p. 8, tradução nossa). Nesse último período, é comum na criança a repetição dos sons, fazendo com que se torne familiar a imagem motora de palavra na presença da imagem acústica da palavra correspondente, de modo que a palavra adquira um valor fonológico. Dessa maneira, ao procurar adaptar-se ao que há ao seu redor, a criança aprende a reconhecer tanto o que ouve quanto aquilo que emite o som, e diferencia o que ficou retido na memória daquilo que é capaz de reproduzir. Ao realizar tais distinções, torna-se capaz de separar o que é próprio do que não é, e os valores fonológicos tornam-se intersubjetivos, e não apenas subjetivos, impelindo a própria linguagem na direção da significação.

Temos assim que na formação do sistema fonético da criança há certa regularidade na sucessão das aquisições, o que diz respeito, no mais das vezes, à constituição de uma sequência temporal e invariável. Essas aquisições compõem uma hierarquia universal e invariável, ou seja, se a hierarquia é baseada numa temporalidade das aquisições, os valores fonéticos encontram-se igualmente ligados a elas de modo hierárquico e temporal, o que implica uma relação de solidariedade irreversível, isto é, numa relação em que um valor secundário não pode existir sem um valor primário, e este, por sua vez, não pode ser eliminado sem um secundário. De maneira negativa, essa relação pode ser observada nos distúrbios afásicos, uma vez que eles reproduzem a ordem reversa da aquisição da linguagem, isto é, "as camadas mais altas são eliminadas antes das mais baixas". Ou, mais especificamente, temos que "as vogais nasais (ou palatais; em português é, ê, i) tendem a desaparecer antes das consoantes alveolares (n, l e r) e, essas últimas, antes das consoantes produzidas na região anterior da boca (p e b)" (Jakobson, 1971, p. 13, tradução nossa).

Dessa forma, a palavra, assim como os fonemas, é integrada a um sistema estratificado no qual são designados valores que obedecem à estrutura fonológica, e, portanto, falar implica uma seleção de elementos linguísticos bem como a combinação destes em unidades linguísticas com graus de maior complexidade.

Jakobson se refere a gestos vocais que formam, como expressões exclamativas ou onomatopaicas, um estrato distinto, pois parecem buscar sons que seriam inadmissíveis em outro lugar. Na fala onomatopaica da criança observa-se um valor expressivo inusual, por exemplo, a designação de um mesmo som tanto para o latido do cachorro quanto para a própria representação do animal, sendo diferenciáveis apenas por uma variação da entonação do som (Jakobson, 1971, p. 9, tradução nossa). Ainda que tais expressões possam ser observadas na linguagem já consolidada de um adulto, aparecem apenas como uma fala remanescente do período do balbuciar, como um eco, um resgate de um estrato anterior.

Ao compararmos o modelo da aquisição da linguagem pela estrutura estratificada de Jakobson, reiteramos a posição freudiana de um aparelho de linguagem estratificado e baseado em níveis funcionais. Mas podemos estender a afirmação de Freud quanto aos processos psíquicos serem correlatos dos processos fisiológicos e ver na aquisição da linguagem o próprio desenvolvimento do aparelho psíquico, baseado em estratos funcionais que se encontram intrinsecamente relacionados às representações formadas a partir de estímulos externos ou internos (pulsões).

A linguagem: do simbólico ao alegórico

Freud extrai da psicologia a definição de *palavra*, como já dissemos anteriormente. Palavra é a *unidade básica da função da linguagem* que corresponde a um processo associativo complexo, em que os elementos enumerados de origem visual, acústica e cinestésica se ligam uns aos outros e formam uma representação-palavra. É a partir de estímulos exteriores, provenientes das palavras apreendidas pela experiência, que aprendemos a falar. Inicialmente "aprendemos a falar quando associamos a imagem sonora de uma palavra a um sentimento de inervação da palavra" (Freud, 1891/2002, p. 123, tradução nossa). Sentimento diria respeito a uma "descarga nervosa" de regiões motoras (corticais) que, ao ser direcionada aos músculos, causaria um sentimento especial. Esta ativação nervosa das regiões motoras estaria ligada ao componente sonoro de uma representação-palavra, formando assim uma representação motora da palavra justamente quando se está aprendendo a falar. Dessa maneira, do lado motor, a palavra se encontraria, como diz Freud, duplamente determinada, isto é, representa-se a ação e a própria sensação desta ação, atribuindo assim um maior valor ao próprio sentimento de inervação verbal. Apesar de Freud apontar para seu "menor valor" do ponto de vista psicológico, "após termos falado, conservamos uma imagem sonora da palavra pronunciada" (Freud, 1891/2002, p. 123, tradução nossa). Ou seja, para compor uma representação-palavra completa ou para que a linguagem se estabeleça, é preciso falar, ainda que de maneira rudimentar.

Segundo Freud, durante o desenvolvimento da linguagem infantil, "nos servimos de uma linguagem criada por nós mesmos e nos comportamos como afásicos motores, pois associamos diferentes sons verbais estranhos a um único som produzido por nós" (Freud, 1891/2002, p. 123, tradução nossa). Aprender a falar é a tentativa de se apropriar da linguagem dos outros que tem como consequência a produção de sons próprios cuja imagem sonora se assemelha consideravelmente "àquela que cedeu lugar à inervação da linguagem" (Freud, 1891/2002, p. 124, tradução nossa). O que ocorre então é uma repetição, muitas vezes inexata, daquilo que foi ouvido.

Para formarmos frases inteiras é necessário dispor palavras seguidas de outras, o que envolve uma operação de suspensão da inervação que dá origem à palavra seguinte até que "a imagem sonora, a representação motora da palavra, ou ambas, da palavra precedente, tenham chegado" (Freud, 1891/2002, p. 124, tradução nossa). Uma vez que uma dessas imagens se apresente para compor uma frase, encerra-se a suspensão e a palavra seguinte pode ser pronunciada. Dessa maneira, reiteramos que não apenas a parte motora da fala, como também a parte sonora da fala em geral, é *sobredeterminada*, e, consequentemente, pode suportar a perda de um ou outro dos fatores determinantes. Mas a ocorrência de perdas evidencia tanto características fisiológicas, como a fadiga, quanto patológicas da linguagem, como no caso das parafasias, em que palavras adequadas são trocadas por outras menos adequadas. Ou, nas palavras de Freud, "somos tentados a conceber a parafasia em sua dimensão mais ampla, como sintoma puramente funcional, como um signo de menor eficiência do aparelho de associações de linguagem" (Freud, 1891/2002, p. 63, tradução nossa).

Ainda que a parafasia possa estar inserida num contexto patológico, nada indica que não possa aparecer sob uma forma típica de sintoma focal orgânico, como mais uma das características das afasias sensoriais. Nessas condições, há uma alteração da função, sendo que observamos mais um desarranjo do que o próprio rearranjo da linguagem, e esta, da mesma forma, se desintegra conforme os níveis linguísticos de estratificação (Heller-Roazen, 2005, p. 136). Isso se dá porque as afasias acabam por reproduzir o estado existente durante o curso do processo normal do aprendizado da fala. São estes os casos em que há uma retração vocabular e restam apenas poucas palavras, como "sim", "não" e outras utilizadas nos primórdios do desenvolvimento da linguagem, na infância. Estas palavras que restaram ao falante são designadas por Freud como uma linguagem remanescente ou "fala remanescente" (*Sprachresten*) (Freud, 1891/2002, pp. 70-83).

Segundo Heller-Roazen, essa fala remanescente a que Freud se refere diz respeito a um retrocesso do qual o falante teria uma memória do conteúdo da fala (compreende o código de linguagem), mas não consegue mais realizar o processo de retranscrição (só consegue responder com a sua fala remanescente, com os trechos de palavra etc.). Ou seja, o desarranjo funcional redunda numa incapacidade de rearranjar o conteúdo da linguagem, que se encontra intacto porém imóvel, em um estágio em que não há capacidade de articulação da fala.

Há nos afásicos a perda do acesso às inscrições, seja das representações-objeto, seja das representações-palavra, ou, ainda, da ligação estabelecida entre elas, como se houvesse uma perda da regra de tradução dos signos ou das representações na linguagem articulada da fala. Essa fala remanescente não constituiria propriamente o que restou de um esquecimento, mas o que restou da expressão. Como nos lembra Heller-Roazen, assim como as histéricas que sofriam de suas reminiscências ao não conseguir exprimi-las em palavras, os afásicos sofrem de uma lembrança a qual não conseguem dizer, pois a estrutura de linguagem encontra-se fixada em um determinado estágio do desenvolvimento sem que consigam traduzi-la (Heller-Roazen, 2005, p. 145).

Se considerarmos agora a estratificação do aparelho de linguagem ou do aparelho psíquico durante os seus respectivos processos de desenvolvimento, veremos que as regras das quais os afásicos se encontram privados se desenvolveram temporalmente, e que numa infância precoce elas não se encontram totalmente sedimentadas. Nesse mesmo período, temos que não há uma nítida separação entre os sistemas psíquicos ou mesmo entre as atividades consciente e inconsciente.

Como vimos, para Freud, a atividade consciente está relacionada tanto à percepção quanto a uma consciência que só se adquire posteriormente. Assim, para que a consciência seja readquirida, é necessária uma transcrição no sistema pré-consciente que envolve uma associação dos traços de memória às representações-palavra, e que se dá de modo "provavelmente" alucinatório, "pela provável reanimação alucinatória dessas representações-palavra" (Freud, 1896/2001a, p. 275, tradução nossa).

Ao nos depararmos, de um lado, com a separação incompleta entre os sistemas, e de outro, com a diferenciação incompleta da atividade da consciência, deduzimos que há um predomínio da atividade inconsciente ou de processos inconscientes que "julgamos os mais antigos, ou primários; relíquias de uma fase do desenvolvimento em que eram a única classe de processos psíquicos" (Freud, 1911/2004c, p. 226, tradução nossa).

Desses processos inconscientes só teríamos representações-objeto ou, ainda,

> *a representação-objeto teria apenas a aparência de uma coisa, cujas diferentes propriedades seriam revela-*

> *das pelas impressões sensoriais. Isso ocorre unicamente porque, ao considerar as impressões sensoriais que recebemos de um objeto, acrescentamos ainda a possibilidade de uma série importante de impressões novas na mesma cadeia associativa. (Freud, 1891/2002, pp. 127-128, tradução nossa)*

Por isso, nos textos metapsicológicos, as *representações-palavra* e *representações-coisa* são desmembramentos do que Freud chamava até então de uma *representação-objeto consciente.*[11] Ainda que já se referisse anteriormente tanto a representações-coisa como a representações-palavra, no texto "O inconsciente" ele tece considerações acerca da procedência dessas representações. Ambas partiram da percepção sensorial, no entanto, quanto mais distanciada estiver uma representação da percepção, mais carente de qualidade, e, portanto, mais distante da consciência ela se torna. Uma representação-coisa só pode se tornar consciente se houver uma correspondência com a representação-palavra. Ou seja, uma representação-objeto assim distanciada da percepção não poderia se tornar consciente por meio dos seus próprios restos perceptivos, porque à medida que essas representações se distanciaram da percepção formaram um sistema particular de representações-coisa, e "nada conservaram de suas qualidades originais, necessitando assim de novas qualidades para se tornarem conscientes" (Freud, 1915/2003e, p. 199, tradução nossa).

Como diz Freud, "o sistema *inconsciente* contém os primeiros e genuínos investimentos dos objetos; o sistema *pré-consciente* nasce quando a representação-coisa é *sobreinvestida* pelo enlace com as representações-palavra correspondentes" (Freud,

---

11 Para um comentário pormenorizado da terminologia de Freud em questão, cf. Souza, 1998, pp. 135-139.

1915/2003e, p. 198, tradução nossa). E a partir do momento que nos tornamos capazes de dar nome ao objeto, isto é, que representações-palavra se associam às de objeto, estrutura-se o sistema pré-consciente. Dessa divisão mais bem delimitada entre os sistemas decorre tanto a capacidade de nomeação de um objeto ou de uma coisa quanto a capacidade de atribuir uma significação. A partir de uma ligação entre os elementos visuais do objeto e a imagem sonora da palavra, somos capazes de atribuir um determinado som ao objeto, de modo que esse som, por sua vez, ganha um sentido ao se ligar ao objeto. Antes de conseguirmos estabelecer esta relação entre os sons das palavras e a imagem dos objetos, tratamos as palavras como coisas, como se encerrassem um significado em si mesmas e não se referissem a outra coisa que elas mesmas. Elas têm, portanto, um caráter eminentemente *simbólico*. Durante a aquisição da linguagem, a palavra se comportaria então como um *símbolo* que, em última instância, não diz respeito a um objeto ou a uma coisa, mas a ele mesmo.

Ao falarmos em *linguagem simbólica* a propósito dessa linguagem primeira, ou que se desenvolve no processo de constituição do aparelho psíquico durante a infância, estamos cientes de que não utilizamos uma terminologia forjada por Freud. Encontramo-nos no interior de uma tradição filosófica que, sem ter laços estritos com a psicanálise, nos oferece instrumentos valiosos para pensar essa questão. Referimo-nos àquele período da história da filosofia no qual se destacam as correntes idealistas e românticas. Pensamos em particular em alguns aspectos da filosofia de Schelling, como expostos na *Filosofia da mitologia* e na *Filosofia da arte* e comentados por Rubens Rodrigues Torres Filho no artigo "O simbólico em Schelling" (2004).

O simbólico designa para Schelling o mito ou a obra de arte. Como explica Torres Filho, essa qualificação da palavra se dá em contraposição ao alegórico: "as *Ideas* na filosofia e os deuses na arte são o mesmo, mas cada qual é por si aquilo que é, cada qual uma perspectiva própria do mesmo, nenhum em função do outro, ou para significar o outro" (2004, p. 111). Transposta para o contexto do qual nos ocupamos, essa distinção se mostra preciosa. Então, agora temos que, se representações-palavra estão vinculadas a uma atividade consciente, elas não determinam necessariamente um sistema pré-consciente passível de consciência, pois se não há ainda uma ligação entre os elementos visuais de objetos e a imagem sonora da palavra, segue-se que as palavras não podem ter, nesse estágio, um caráter alegórico. Encerram-se em si mesmas, não apontam para nada que não seja para elas mesmas enquanto signos.

Se retornarmos a Schelling, que toma o mito como símbolo, aprendemos que "buscar no mito um sentido outro, oculto ou travestido" é um equívoco, "é o que caracteriza algumas técnicas de exegese, [é o] ato inaugural de todas elas, [que querem] despojar o mito de seu sentido próprio" (Torres Filho, 2004, p. 116). Fazê-lo é incorrer num anacronismo, pois, como diz Schelling, "a mitologia se encerra tão logo começa a alegoria": à medida que se atribui um significado outro ao mito, encontram-se separados forma e conteúdo, e não é mais possível tratar o fenômeno como um todo, "mas sobretudo explicar sua origem e indicar aquilo que, no próprio fenômeno, de certo modo o legitima" (Torres Filho, 2004, p. 117). O mesmo vale para a linguagem em Freud: simplesmente não entendemos a questão se quisermos concebê-la como uma estrutura estritamente semântica, que só possa engendrar sentido ao remeter os signos a algo para além deles.

Se dizemos aqui que durante a aquisição da linguagem representações-palavra são tratadas como representações-coisa, é porque, apesar de serem todas elas representações de impressões sensoriais e motoras, as representações-palavra têm um outro estatuto, a saber, o de uma associação de representações; são *representações de representações*, constituem a unidade básica da linguagem, encerram-se em si mesmas para somente depois se descolarem de sua significação própria, para ganhar uma outra e adquirirem um sentido diferente. O marco deste descolamento é a ligação entre representação-palavra e representação-coisa, que inaugura um novo sistema psíquico calcado no tempo. Como explica Roland Khun, no prefácio à tradução francesa de *Contribuição à concepção das afasias*, "a representação-palavra é atribuída ao pré-consciente, estruturado no tempo; a representação-objeto ao inconsciente, atemporal, sendo os dois modos de representação igualmente designados como traços mnêmicos" (Freud, 1891/2002, p. 32, tradução nossa).

Diante dessa separação completa entre os sistemas, observa-se ainda que é possível um retorno à atividade inconsciente primária, que inaugura a linguagem verbal, nos *chistes* ou em *atos falhos*, que são caracterizados por lacunas no discurso lógico consciente, como se fosse realizado um "mergulho" do pensamento no inconsciente e assim resgatasse, como tesouros, as atividades próprias desse sistema. A formulação de um chiste envolve uma forma determinada que carrega em si o conteúdo do jogo verbal. Como explica Gombrich num texto em homenagem a Freud, o chiste bem-sucedido, o bom chiste, deve satisfazer pelo menos dois critérios, o de sentido e o de forma (Gombrich, 1984, p. 104, tradução nossa). O chiste resgata, mesmo que momentaneamente, algo como a linguagem primitiva, dotada de forma e sentido próprios, ou seja, reinventa, com materiais da linguagem verbal, o caráter simbólico da linguagem. É como se, no tecido de uma estrutura verbal de referência necessariamente alegórica, irrompesse o indício da existência de um modo de expressão mais primitivo e essencial na base desse sistema. E se, para Schelling, a meta da filosofia é construir uma poesia filosófica/filosofia poética que se expressa simbolicamente, podemos dizer que, para Freud, uma das "metas" da psicanálise é dar à expressão simbólica do inconsciente uma vazão coerente em meio a um sistema alegórico tal como o da consciência.

Mas, se há uma ruptura da linguagem simbólica e à palavra é dado um outro significado, é porque esta refere-se a um outro; ou, ainda nos termos de Schelling, "a significação simbólica encerra igualmente em si a alegórica", sendo "a alegoria, por assim dizer, um dos 'movimentos' da operação simbólica" (Schelling, citado por Torres Filho, 2004, p. 117). A alegoria é uma das potencialidades de significação da palavra como símbolo, e se tornará manifesta tão logo esta última seja reduzida à pura alegoria. Perde-se a característica do simbólico quando a palavra deixa de ser uma palavra com significado encerrado em si mesmo e passa a designar algo outro. Nos termos de Freud, temos que uma representação-palavra que inicialmente é tratada pela criança como símbolo e está relacionada à separação incompleta dos sistemas psíquicos é posteriormente transformada em alegoria ao ser destituída de sua própria significação, ao contrair uma significação exterior a ela. A ligação de uma representação-palavra a uma representação-coisa, que nos conduz à separação dos sistemas, tem como consequência uma predominância da atividade psíquica consciente. E a principal determinação deste domínio é a perda da autonomia primária das palavras para que sirvam ao mecanismo do aparelho psíquico: o simbólico dá lugar ao alegórico.

2. Intensidade e formas no aparelho psíquico

Conheceram o que era [o amor] quando começaram a padecer; porque é no sofrimento que ele desabrocha, como as rosas de mais apreço nos seus berços de espinhos.

Paganino (2003), *Os melhores contos portugueses do século XIX*

Representação de pulsões

A partir da ideia exposta no capítulo anterior de que tanto a palavra como representações corticais complexas foram formadas de impressões sensoriais individuais que partiram da periferia do corpo ou, em outras palavras, que os estímulos provenientes de um meio exterior ao corpo são interpretados ao longo das vias sensoriais que os conduzem até um centro psíquico onde são representados em diversas instâncias, cabe-nos agora a tarefa de esclarecer como o corpo é representado nesse centro psíquico, ou no aparelho psíquico proposto por Freud.

Nos *Três ensaios sobre a sexualidade*, Freud se refere à pulsão como uma "agência representante (*Repräsentanz*) psíquica de uma fonte intrassomática de estímulos, em contínuo fluir. . . . Ela é um dos conceitos de deslinde do anímico com relação ao corporal" (Freud, 1905/2003f, p. 153, tradução nossa). A representação do corpo seria feita pelas pulsões que, como vimos, foram estímulos exteriores que se tornaram endógenos ao serem incorporados, ao longo da filogênese.

O estímulo exterior, assim que introjetado, é traduzido para uma linguagem própria do meio interior, isto é, passou pelo processo de recepção e foi interpretado numa linguagem dotada de sentido para o organismo afetado. Na medida em que o estímulo é interiorizado, provoca uma modificação na conformação do organismo, que por sua vez se torna capaz de produzir ele mesmo os estímulos.

A produção interior de estímulos provoca um aumento da quantidade de energia livre dentro do sistema, o que é um sinal de desprazer conforme o princípio, formulado por Freud como prazer-desprazer e posteriormente denominado apenas *princípio do prazer*. O modelo do aparelho psíquico concebido é baseado no arco-reflexo simples, sendo composto de um polo sensorial de onde chegam os estímulos provenientes do exterior e de um polo motor, responsável pela descarga motora e eliminação desses estímulos ou da energia proveniente deles. O princípio do prazer está de acordo com a atividade inercial nervosa, que tem como função eliminar quantidades de energia. Uma vez que o neurônio tenha sido devidamente estimulado, há uma propagação nervosa da quantidade de energia que parte do polo sensorial até o polo motor e que, ao chegar ao sistema muscular, desencadeia um movimento reflexo.

Em *Para além do princípio do prazer*, de 1920, Freud se refere a uma tentativa de dominação ou de ligação da excitação que antecede o próprio princípio do prazer e que é independente dele. A "atividade originária, primordial, que é atividade de vinculação, de ligação (*Bindung*) da excitação invasora, se manifesta inicialmente como energia livre, móvel, para que posteriormente seja possível descarregá-la" (Monzani, 1989, p. 179) e funciona como condição para a ação do princípio do prazer. Para que o aumento da excitação possa operar como um sinal de desprazer no interior do aparelho psíquico é necessária uma atividade prévia que se apodere dessa excitação e a mantenha represada, até que alcance um determinado patamar e seja percebida como desprazível. Essa atividade de ligação originária é a condição para que o desprazer seja transformado em prazer, ou seja, para que haja uma descarga de intensidades psíquicas e passe a funcionar segundo o princípio do prazer, de acordo com o modelo do arco-reflexo mencionado.

Esse modelo, apesar de ser inverossímil para organismos complexos, comporta a possibilidade de propagação da quantidade de energia pelo aparelho psíquico bem como da eliminação dessa quantidade pelo ato motor. A eliminação de quantidades excedentes passaria então a ser o próprio princípio regulador dos processos psíquicos – o princípio do prazer "passa a funcionar como tendência geral do aparelho psíquico" (Monzani, 1989, p. 189). Essa possibilidade foi aventada por Freud a Breuer (1892) na forma de um *princípio de constância:*

> *O sistema nervoso tende a manter constante, dentro de suas constelações funcionais, algo que cabe denominar "soma de excitação", e é capaz de manter essa condição saudável à medida que tramita pela via associativa qualquer aumento sensível de excitação, através de descarga mediante uma reação motora equivalente. (Freud, 1892/2001b, p. 190, tradução nossa)*

Em outros termos, "o princípio do prazer deriva do princípio de constância; na realidade, distinguimos o princípio de constância, a partir de fatos que nos impuseram, da hipótese do princípio de prazer" (Freud, 1920/2004b, p. 9, tradução nossa). O princípio de constância, por sua vez, é derivado do *princípio de inércia*, ou de *nirvana*, que determina uma tendência à descarga total de excitação que é a *função* primária do sistema psíquico, a saber, "livrar o aparelho de toda carga de excitação" (Monzani, 2005, p. 161). Freud afirma no "Projeto" (1895) que "o princípio da inércia é violado desde o começo segundo outra relação" (Freud, 1895/2003g, p. 176, tradução nossa) que impossibilita uma descarga total.

A impossibilidade de descarga total se deve ao fato de que qualquer organismo vivo também gera estímulos endogenamente, como resultado de sua própria atividade constante, com o propósito de se manter vivo. Além disso, como consequência dessa produção interna de estímulos, o organismo se torna capaz de distinguir, ainda que indiretamente, os estímulos provenientes do interior daqueles provenientes do exterior. Nas palavras de Freud:

> *se, por um lado, registra os estímulos que podem ser subtraídos mediante uma ação muscular (via de saída), imputando-os a um mundo exterior, por outro, registra estímulos frente aos quais uma ação como esta seria inútil, pois conservam seu caráter de esforço constante (Drang). Estes estímulos são a marca de um mundo interior, o testemunho de necessidades pulsionais. (Freud, 1915/2003d, p. 115, tradução nossa)*

A indicação de que o estímulo pulsional é proveniente do interior e não do exterior se deve então a uma "compreensão" indireta de que um estímulo como este não pode ser cancelado pela atividade muscular, pois essa atividade é ineficaz, dado que a pulsão não atua como um choque momentâneo, mas como força constante.

De acordo com Freud, estão relacionados ao conceito de pulsão uma *meta*, uma *fonte*, um *esforço* e um *objeto*. Como fonte, temos um órgão ou determinada região do corpo, que a pulsão irá representar no aparelho psíquico e da qual podemos inferir um esforço constante, uma vez que a matéria viva encontra-se em constante atividade e assim é representada. Desta maneira, se a pulsão é representante do corpo, ela é também "uma medida da exigência de trabalho que representa" (Freud, 1915/2003d, p. 117, tradução nossa), ou seja, apresenta-se ao psíquico como um fator quantitativo da atividade de um órgão ou de uma região. A meta da pulsão é justamente sua própria satisfação, e o objeto é o veículo pelo qual a pulsão alcança a satisfação. O objeto "não se encontra originariamente enlaçado à pulsão" e tampouco precisa ser algo diferente do próprio corpo (Freud, 1915/2003d, p. 118, tradução nossa). Portanto, os conceitos de objeto, esforço, fonte e meta são decorrentes do fato de a "pulsão nos aparecer como um conceito fronteiriço entre o anímico e o somático, como um representante (*Repräsentant*) psíquico dos estímulos provenientes de dentro do corpo" (Freud, 1915/2003d, p. 118, tradução nossa).

Assim, se o modo de ação da pulsão é relativamente compreensível no que diz respeito à sua origem e ao seu modo de satisfação, o mesmo não ocorre quanto à sua representação no aparelho psíquico, pois se a pulsão age como um representante, não é ela a própria representação, e, no entanto, é preciso haver representação, pois a pulsão, por ter uma fonte corpórea, não pode se apresentar por si mesma no aparelho psíquico.

Em "A repressão" (1915), Freud passa a se referir a uma agência representante psíquica (*Representanz*) da pulsão, e não mais a um representante do corpóreo no psíquico que dá conta da representação de uma determinada região corporal. Isso explica por que autores como Green são levados a afirmar que o "ponto mais obscuro [da teoria pulsional] é a natureza do vínculo do psiquismo com o corporal" (Green, 1982, p. 201). Isso nos remete de volta à *Contribuição à concepção das afasias*, em que Freud diz: "O encadeamento de processos fisiológicos no sistema nervoso provavelmente não se encontra numa relação de causalidade com os processos psíquicos. Os processos fisiológicos não são interrompidos onde começam os processos psíquicos" (Freud, 1891/2002, p. 105, tradução nossa).

Ao afirmar que não existe ruptura entre o fisiológico e o psicológico, Freud propõe que essas instâncias tenham uma relação de interdependência, ou seja, que as alterações fisiológicas do sistema nervoso sejam representadas no aparelho psíquico concomitantemente à sua ocorrência.

A título de esclarecimento, pode-se pensar numa analogia. De um lado, temos as pulsões, de proveniência interna, que estimulam o aparelho psíquico. Esse é o processo ao qual Freud se refere. De outro, temos os estímulos que o sistema nervoso autônomo, responsável pelo equilíbrio interno do organismo, que recebe dos órgãos viscerais, localizados nas entranhas do corpo e não fazem parte do sistema motor (estriado). Esse processo é estudado pela fisiologia. Em que medida este último poderia elucidar aquele?

O termo comum a esses processos que se referem a instâncias paralelas, e que não têm, no caso que interessa a Freud, interação recíproca, é a *constância da estimulação* ou *atividade*, que caracteriza ambos os processos. Um estímulo proveniente de órgãos internos que atinge o sistema nervoso autônomo é imediatamente traduzido nos termos desse sistema, ou seja, essa "linguagem própria" dos estímulos seria como que traduzida num código compatível com a instância receptora. Poderíamos dizer ainda que a regulação da própria função do órgão emissor é feita pelo órgão receptor, que efetua ajustes proporcionais às necessidades do organismo como um todo, de acordo com aquilo que consegue traduzir. É nesse processo que os órgãos se inserem, efetivamente, num sistema vital equilibrado.

Algo análogo ocorre com as pulsões. Pois, como explica Freud, toda pulsão necessita de um "representante de representação", de algo que a represente no aparelho psíquico e dê uma forma determinada ao "montante de afeto", pois ela "é de ordem biológica e só se faz conhecer quando representada no psíquico" (Monzani, 1989, p. 272). Assim como ocorre no sistema nervoso, é pela função que desempenha em meio a outras representações de mesma ordem, atribuída a ela pelo aparelho psíquico, que uma pulsão é inserida nesse mesmo sistema – qual seja, o aparelho psíquico.

Ora, mas pulsões não são mais que traduções de necessidades ditadas por funções vitais sediadas nos órgãos e coordenadas pelo sistema nervoso autônomo. Haveria aqui uma dependência dos processos psíquicos em relação aos fisiológicos? Sugeriria a nossa analogia que o material da psicanálise remete, em última instância, ao material da ciência médica? No entanto, o aparelho psíquico não é um sistema localizável, ao contrário do sistema nervoso. Para Freud, a existência de um substrato nervoso, tal como ilustrado pelos livros médicos, a ditar o funcionamento do aparelho psíquico não reduz este àquele. O aparelho psíquico funciona como um conjunto de instâncias ou sistemas articulados por uma lógica própria: se a pulsão deriva do corpo, sua expressão é inteiramente independente dessa origem, assim como os estímulos orgânicos viscerais são traduzidos numa linguagem que lhes é alheia e que, no entanto, lhes dá o sentido que eles têm.

Mas há uma diferença fundamental entre essas ordens de tradução. Pois, se é possível localizar as partes do corpo nos receptores do sistema nervoso nos quais a "linguagem visceral" é traduzida em "linguagem neural", o processo de tradução psíquica das pulsões se descreve melhor em termos temporais. Assim, pela nossa analogia, a fronteira entre o anímico e o somático estaria no instante em que se inicia o processo de tradução dos estímulos endógenos. Nas palavras de Monzani, "trata-se sempre de um *processo* que, de tempos em tempos, opera uma transformação das moções biológicas em moções psíquicas e onde uma energia orgânica se transforma em energia psíquica" (Monzani, 1989).

Montante de afeto ou o reverso das pulsões

Desde os *Estudos sobre histeria*, textos publicados por Freud e Breuer no período de 1893 e 1895, Freud se refere a investimentos (*Besetzung*) como propriedades quantitativas das operações psíquicas, "algo (montante de afeto, soma de excitação) que é suscetível de aumento, diminuição, deslocamento e descarga e se difunde pelos traços mnêmicos das representações" (Freud, 1894/2005a, p. 61, tradução nossa),[1] "pois cada impressão psíquica traz consigo um determinado montante de afeto" (Green, 1982, p. 27).

Como dissemos, se por um lado a pulsão é um representante psíquico, ou um representante de representação psíquica, por outro também é uma medida de "exigência de trabalho", ou seja, é composta de um elemento qualitativo, representacional, e um elemento quantitativo, soma de excitação, energia pulsional,

1 Cf. o apêndice Las neuropsicosis de defesa, In *Primeras publicaciones psicoanalíticas* (1893-1899), vol. III, (José Etcheverry, Trad.). Buenos Aires: Amorrortu Editores, 2005, pp. 62-68. James Strachey apresenta as hipóteses fundamentais de Freud sobre a evolução teórica do conceito de afeto.

intensidade psíquica etc. Mas é apenas no artigo metapsicológico "A repressão" que ganha sua "carta de cidadania" pelo nome de montante de afeto. "Corresponde à pulsão na medida em que se desprende da representação e encontra uma expressão proporcional à sua quantidade em processos passíveis de sensação enquanto afetos" (Freud, 1915/2003c, p. 147, tradução nossa).

De acordo com Freud, num processo de repressão devemos vasculhar separadamente os dois componentes da pulsão. No que concerne à representação, esta pode ser afastada da consciência no caso de uma representação que já era consciente, ou ter seu acesso restrito se estava para se tornar consciente. Quanto ao fator quantitativo, este pode seguir três destinos possíveis: ser completamente sufocado, do qual não temos notícia, pode seguir parcialmente sufocado, isto é, se ligar a uma outra representação, ou, ainda, transformar-se em sintoma ou em angústia. Isso nos indica que o destino do fator quantitativo é mais significativo para a psicanálise do que o próprio destino da representação, uma vez que ele é responsável pelas sensações de desprazer ou de angústia.

Ainda nesse artigo, Freud se pergunta por que a moção pulsional seria vítima da repressão se a sua satisfação é sempre prazerosa. E aponta como explicação o que já dizia no capítulo VII de *A interpretação dos sonhos* (1900), que a satisfação para um sistema, ou para o prazer gerado em um sistema, não é necessariamente prazer para outro sistema. Em suas próprias palavras: "Aprendemos que a satisfação da pulsão submetida à repressão seria sem dúvida possível e sempre aprazível em si mesma, mas inconciliável com outras exigências e desígnios. Portanto, produziria prazer num lugar e desprazer em outro" (Freud, 1915/2003c, p. 142, tradução nossa).

Essa produção de desprazer, ou conversão do afeto em algo desprazível, faz com que moções de desejo tomadas como representações, ou como grupo de representações investido, sejam afastadas da consciência. Pela repressão, essas representações são desmembradas em dois elementos; o figurado, que é a agência representante de pulsão, e o quantitativo, que é o montante de afeto.

No entanto, uma repressão em que o componente afetivo segue um caminho diferente do seu representante-representacional é chamada de *repressão propriamente dita*, e ela recai sobre "os componentes psíquicos que retornam da própria agência representante que foi reprimida, ou mesmo sobre os itinerários de pensamento aos quais essa se vinculava" (Freud, 1915/2003c, p. 143, tradução nossa). A repressão propriamente dita só vem a existir depois da fixação da pulsão ao seu representante, isto é, a partir da *repressão primordial.*

Vimos que na repressão primordial a agência representante psíquica de pulsão tem acesso negado à consciência, e segue por isso fixada à pulsão como uma formação primordial, responsável por uma ligação primordial que, como supomos, poderia vir a ser o próprio marco divisor das atividades consciente e inconsciente.

Em *Inibição, sintoma e angústia*, de 1925, Freud propõe que a entrada de grandes quantidades de excitação no aparelho psíquico pela ruptura de sua proteção mais exterior é a causa mais imediata da repressão primordial, ou seja, que o aparelho se tornaria capaz de conter grandes quantidades de energia ao promover uma ligação primordial, ou, melhor dizendo, uma primeira fixação entre uma agência representante e a pulsão. Uma ligação como essa seria a fundação de uma atividade que se baseia na contenção de energia, a atividade secundária ou consciente. Somente a partir dessa fixação como função de uma ação de defesa é que se torna possível estabelecer um modelo para a repressão propriamente dita, reforço da repressão daquilo que um dia foi reprimido.

A repressão propriamente dita tem como propósito evitar o desprazer. Ao tentar impedir que a formação resultante de uma repressão primordial ascenda à consciência, ela acaba por desmembrar a pulsão em representante e em afeto, e promove um retorno à atividade relativa ao inconsciente, à atividade primária. Ainda que essa repressão seja bem-sucedida em afastar da consciência representações conflitantes, via de regra ela cria formações substitutivas e acaba por deixar como sequelas os sintomas ou *indícios* da pressão exercida pelo retorno do reprimido, e não consegue, na maioria das vezes, evitar o surgimento de desprazer devido ao afeto que persiste como um todo ou apenas em parte (Freud, 1915/2003c, p. 149, 2003e, p. 174).

No sistema inconsciente, a energia é mantida livre, isto é, não se liga a nenhuma representação, e "a atividade . . . está dirigida ao livre escoamento (*Abströmen*) das quantidades de excitação" (Freud, 1900/2004o, p. 589, tradução nossa). Os afetos, quando desprendidos de suas representações, determinam o modo de funcionamento desse sistema. A esse modo de funcionamento dá-se o nome de *processo primário*: "Os julgamos os mais antigos, os primários, relíquias de uma fase do desenvolvimento em que eram a única classe de processos anímicos. A tendência principal destes processos . . . se define como princípio de prazer-desprazer" (Freud, 1911/2004c, p. 224, tradução nossa).

A atividade primária, ou a atividade relacionada ao sistema inconsciente, depende de "agências representantes de pulsão que querem descarregar seu investimento, portanto, relacionada a moções de desejo" (Freud, 1915/2003e, p. 183, tradução nossa), e só obtêm prazer, como vimos, ao alcançar sua meta pelo devido cancelamento do estado de estimulação na própria fonte. A ação dessas agências ocorre por meio de *deslocamentos* ou *condensações*, mecanismos que permitem uma grande mobilidade das intensidades psíquicas de uma representação a outra. Quando grandes intensidades passam de uma representação a outra, há um deslocamento, ou se tais intensidades são reunidas numa única representação, há uma compressão dessas intensidades, isto é, ocorre uma condensação. De acordo com o princípio do prazer, à medida que ocorre um acúmulo de intensidades no aparelho psíquico, há uma sensação de desprazer: "desprazer é a vivência do represamento e do aumento de excitação, enquanto prazer é a vivência que acompanha a descarga, a evacuação da excitação" (Monzani, 2005, p. 161).

No capítulo VII da *Interpretação dos sonhos*, Freud diz que a excitação imposta pelas necessidades interiores é escoada por via da motilidade "que pode ser designada por uma alteração interna, ou uma expressão emocional" (Freud, 1900/2004o, p. 557, tradução nossa). Ou seja, segundo seu próprio exemplo, quando a criança faminta chora e esperneia, não faz outra coisa senão tentar aplacar a fome por uma via motora. Mas a fome só pode ser saciada se houver um cancelamento do estímulo interno e uma *vivência de satisfação* (quando a criança é alimentada).

A vivência de satisfação envolve uma lembrança da satisfação obtida que se associa ao traço de memória da própria necessidade, de modo que esta última possa surgir novamente. Ou seja, quando a criança sentir fome novamente, investirá sobre a lembrança da percepção de satisfação, como se perseguisse uma tentativa de restabelecer a "situação da primeira satisfação" (Freud, 1900/2004o, p. 557, tradução nossa). A tentativa de recobrar essa situação primordial de satisfação é chamada de *desejo*. Nesse sentido, "somente um desejo, nenhuma outra coisa, é capaz de colocar em movimento o aparelho psíquico, e (portanto) o curso da excitação no interior deste é regulado automaticamente pelas percepções de prazer ou desprazer" (Freud, 1900/2004o, p. 588, tradução nossa).

Numa tentativa de repetir a vivência primordial de satisfação, de reencontrar, por via do desejo, o prazer um dia obtido como decorrência da atividade primária, ocorre o pleno investimento sobre as representações de satisfação, quer dizer, um investimento alucinatório, tal como ocorre nos sonhos. De acordo com Freud, em "nossos sonhos noturnos, nossa tendência de vigília para nos esquivarmos de impressões penosas são resquícios do império desse princípio (do prazer) e provas de sua jurisdição" (Freud, 1911/2004c, p. 224, tradução nossa). Podemos acrescentar que desses processos inconscientes só temos notícia indireta por uma via consciente quando há uma suspensão da censura que opera em prol da própria consciência. Comparando os processos conscientes e inconscientes, Freud afirma que "a relação com o tempo se segue do trabalho do sistema pré-consciente e que, ao contrário, os processos do sistema inconsciente são *atemporais*" (Freud, 1915/2003e, p. 184, tradução nossa). Isto quer dizer que os processos inconscientes não se ordenaram temporalmente, e que o tempo também não é capaz de alterá-los, permanecem imutáveis, alheios à realidade exterior, e formam a realidade psíquica, em que não há contradição nem desprazer.

Para esses processos inconscientes, tomados como relíquias de uma fase do desenvolvimento em que eles eram a única classe de processos anímicos, que são atemporais e estão submetidos ao princípio do prazer, encontramos, nesse ponto da explicação de Freud, um precedente notável em algumas considerações dos românticos alemães, em especial de Novalis, que em seus "Diálogos" se refere ao "prazer" que teríamos experimentado em um estado que ele designa como "existência originária". "Compreendo agora que nossa existência originária, se posso exprimir-me assim, é prazer. O tempo nasce com o desprazer. Por isso todo o desprazer é tão longo e todo prazer breve. Prazer absoluto é eterno – fora do tempo. Prazer relativo, mais ou menos um único momento indiviso" (Novalis, 1988, p. 185).

Para Freud, o núcleo do nosso ser consiste em moções de desejos inconscientes que permanecem inapreensíveis, sem serem sequer inibidas pelo sistema pré-consciente; ou seja, esse núcleo do nosso ser, composto de desejos de recobrar uma satisfação originária, não importa se reais ou fantasiosos, não entra em contato com a realidade exterior; permanece imutável e atemporal, submetido ao livre escoamento de energia, ao processo primário e ao princípio do prazer. Até aqui, nos parece válida a comparação entre Freud e Novalis. Mas Freud não faz uma distinção entre *prazer relativo* e *prazer absoluto* e *eterno*; ou, como explica Monzani, "Freud não distingue dois tipos de prazeres – os perfeitos e os imperfeitos; todos para ele existem na forma de movimento" (Monzani, 2005, p. 162). Mas poderíamos ainda pensar que este prazer ao qual se refere Novalis só é válido, em termos freudianos, para o sistema inconsciente, uma vez que nem sempre prazer para um sistema o é também para o outro, motivo da repressão. É o que sugere a leitura do diálogo que estamos acompanhando:

> *[A] Desprazer é, como o tempo, finito. Todo finito nasce do desprazer. Assim nossa vida.*
>
> *[B] O finito é finito – O que permanece? Prazer absoluto – Eternidade – Vida incondicionada. E o que temos nós a fazer no tempo, cuja finalidade é autoconsciência da infinitude?*
>
> *Pressuposto, que ele tenha uma finalidade, pois bem se poderia perguntar se não é exatamente a ausência de finalidade que caracteriza a ilusão?*
>
> *[A] Isso também – no entanto que devemos nós procurar operar? Metamorfose do desprazer em prazer e com*

> *ela do tempo em eternidade, pela arbitrária separação do espírito, da consciência da ilusão como tal.*
>
> *[B] Sim, caro, e aqui nas colunas de Hércules abracemo-nos, no gozo da convicção de que junto a nós está a vida como uma bela, genial ilusão, de que aqui podemos estar em espírito em absoluto prazer e eternidade. (Novalis, 1988, pp. 185-186)*

É interessante notar mais uma concordância na comparação entre Freud e Novalis, desta vez a propósito de *desprazer* e *temporalidade*. A percepção e a consciência se contrapõem à atemporalidade própria do inconsciente, e ao tempo atribui-se uma função no sistema percepção-consciência, ou simplesmente na consciência (Freud, 1925/2003h, p. 247, tradução nossa). "Ocorre que essa exigência de imortalidade é tão claramente um produto de nossos desejos que não pode reivindicar valor de realidade" (Freud, 1916/2003i, p. 248, tradução nossa), nos diz Freud ao se referir à transitoriedade do que é belo, durante uma conversa com amigos, em que descobre "uma revolta psíquica contra o luto . . . pela ruína da beleza" (Freud, 1916/2003t, p. 250, tradução nossa).

Enquanto [A] sugere uma transformação do desprazer em prazer por meio de uma cisão voluntária do espírito, da consciência da ilusão como tal, para Freud não é possível transformar desprazer em prazer de maneira arbitrária: o prazer sobrevém quando cessa o desprazer, porque houve uma diminuição ou um cancelamento do estímulo desprazível. Se esse cancelamento não ocorrer adequadamente, for simplesmente arbitrário, e ainda que conscientemente ilusório, não haverá prazer, a quantidade de excitação aumenta e, com ela, o desprazer. Se para Novalis o prazer absoluto e eterno é possível pela consciência de que ele mesmo é uma ilusão, em Freud não há diferentes prazeres, mas um único, que se revela negativamente, isto é, por uma "orientação mortuária" que quer levar a zero todo o tipo de excitação que se encontra no aparelho psíquico. Pela impossibilidade orgânica, esse aparelho é compelido a adiar a descarga, a ligá-la e, por fim, contê-la. Apenas dessa maneira passa a representar o que é real, ainda que desagradável, de modo consciente. Almejar o prazer absoluto, mesmo que conscientemente ilusório, nos conduz a uma concepção positiva de prazer; e talvez seja este o ponto mais conflitante entre Novalis e Freud, que praticamente nega o prazer. Vemos assim que a doutrina de Freud não deixa de ser, entre outras coisas, uma revisão da tópica romântica.

No início deste capítulo, mencionamos uma tentativa de dominação ou ligação da excitação que é antecedente ao próprio princípio do prazer e que depende de uma excitação invasora que se manifesta como energia livre e sem ligação. O contexto em que se situa essa afirmação de Freud é o de uma representação que ele mesmo propõe, de um organismo vivo em sua máxima simplificação, de um ser vivo dotado de algo como um invólucro, mas sem nenhuma diferenciação (uma "vesícula viva indiferenciada"), composto de uma substância excitável, à qual Freud compara ao córtex cerebral, que é passível de excitabilidade por meio dos órgãos sensoriais. Ainda segundo Freud, a vesícula estaria inserida num meio repleto de potentes estímulos que poderiam aniquilá-la, não fosse o desenvolvimento de uma camada protetora *antiestímulos*. A vesícula teria passado por um processo de modificação em sua estrutura, de modo que a superfície mais externa não seria mais dotada de vida, teria se tornado inorgânica e possuiria a função de filtrar os estímulos exteriores, fazendo com que somente uma fração deles pudesse chegar até as camadas mais internas: "para esse organismo vivo, a tarefa de se proteger dos estímulos seria quase mais importante do que a de recebê-los" (Freud, 1920/2004b, p. 27, tradução nossa). Uma contenção ou ligação da energia ocorreu primordialmente, fazendo com que somente a camada mais externa se tornasse inorgânica, preservando, assim, as mais internas. Com o aumento da complexidade da vesícula, o organismo passou a produzir estímulos no próprio interior, o que teve como resultado o aumento da ação excitatória e a propagação desses estímulos nas camadas mais internas, o que seria causa de grande desprazer no interior do organismo. Pois, embora as excitações interiores sejam mais adequadas a esse meio e não promovam um influxo tão grande de energia quanto o do meio exterior, encontra-se no organismo um registro de advertência cujo aumento de excitação pode ser letal, e "tende-se a tratá-lo como se viesse do exterior" (Freud, 1920/2004b, p. 29, tradução nossa), independentemente de sua origem.

Por outro lado, o aumento de desprazer em função do aumento de excitação leva ao desenvolvimento de um outro mecanismo de proteção antiestímulos, ao qual Freud dá o nome de *projeção*. Uma vez que a energia produzida no interior encontra-se contida e a quantidade de excitação se avoluma, o organismo é levado a descarregá-la no meio exterior, a projetá-la como o fazem os animais unicelulares ao emitirem pseudópodos (partes do próprio corpo) para se locomoverem ou se alimentarem. A partir desses dois mecanismos, de ligação e de projeção, observa-se que é *negativamente* que o organismo obtém prazer: tende a descarregar a excitação inteira, rumo ao zero, como se pudesse alcançar um estado no qual estivesse imune a todo e qualquer estímulo.

A tentativa de dominação dos estímulos externos não somente antecede como também é condição para o surgimento do princípio do prazer (descarga da excitação). É preciso que a energia exterior tenha sido contida e represada para que o organismo se desenvolvesse e posteriormente passasse a operar com uma tendência a descarregar estímulos, fossem eles internos ou externos.

Essa imagem da vesícula é para Freud uma oportunidade de introduzir a questão da compulsão à repetição. Ao afirmar em 1920 que os neuróticos repetem na *transferência*[2] situações indesejadas, reanimam habilmente situações afetivas dolorosas, buscam substitutos de desejos originários por desígnios ou promessas quase sempre irreais, Freud diz que "nada disso é de fato uma busca de prazer: se trata, desde já, da ação de pulsões que eram destinadas a obter satisfação, mas que apenas prestaram auxílio ao desprazer" (Freud, 1920/2004b, p. 21, tradução nossa). Freud está se referindo ao mecanismo psíquico mais conhecido como *compulsão à repetição*: na "vida anímica talvez exista realmente uma compulsão à repetição e que se instaura para além do princípio do prazer" (Freud, 1920/2004b, p. 22, tradução nossa), que é de fato originária, mais pulsional e mais elementar que o próprio princípio do prazer. Esta compulsão estaria relacionada à experiência primordial de necessidade de contenção das grandes magnitudes de excitação outrora experimentadas. Na situação de transferência, os neuróticos repetem suas experiências infantis, comportam-se de maneira infantil, dando mostras de que o conteúdo dessas experiências, que foi reprimido, não se encontra investido de maneira ligada: os neuróticos repetem a experiência infantil com o intuito de "recuperar o domínio sobre o estímulo" (Freud, 1920/2004b, p. 31, tradução nossa), de ligar esses estímulos independentemente do princípio do prazer.

Após dizer que nessa compulsão a repetição na situação de transferência se situa em todos os sentidos para além do princípio

2 No "Fragmento de uma análise de um caso de histeria" ou "caso Dora" (1905), Freud define as transferências como reedições ou recriações de moções e de fantasias na medida em que a análise avança e que são despertadas e tornadas conscientes; em outras palavras, há uma atualização de vivências passadas, mas que na situação de análise estão relacionadas à figura do "médico" (Freud, 1905/2003s).

do prazer, Freud se pergunta de que modo o pulsional estaria entremeado à compulsão à repetição. E responde, apontando para uma característica universal das pulsões: "uma pulsão seria então um esforço inerente ao orgânico vivo, de reprodução de um estado anterior ao qual o ser vivo teve de se resignar sob o influxo de forças externas perturbadoras . . . a exteriorização da inércia na vida orgânica" (Freud, 1920/2004b, p. 36, tradução nossa).

O próprio Freud reconhece que essa concepção de pulsão pode soar um pouco estranha. Parece-nos assim pertinente analisá-la mais de perto. Caracterizar a pulsão pelo esforço, ao menos na teoria freudiana, não é o que causa estranheza, pois sabemos que a pulsão tem como fonte o próprio corpo, "cujo estímulo é representado na vida anímica" (Freud, 1915/2003d, p. 118, tradução nossa). O que causa estranheza é "a reprodução de um estado anterior" (Freud, 1920/2004b, pp. 36-38, tradução nossa) ao qual o ser vivo se resigna por ser atingido por forças perturbadoras, estado esse que, no decorrer do texto, Freud esclarece como inorgânico, o inanimado que surgiu antes do ser vivo. Temos então que o ser vivo, orgânico, parte do inorgânico, que forças perturbadoras externas, ou grandes quantidades de excitação, põem-no em movimento, trazendo-o à vida.

Freud nos diz que "desde o início, o ser vivo elementar não queria mudar, mas manter-se em idênticas condições, repetindo sempre o mesmo curso de vida" (Freud, 1920/2004b, pp. 36-38, tradução nossa). Ora, se a repetição, antes mesmo do curso da vida, significava a manutenção do estado inanimado, supomos que apenas um grande influxo de estímulos seria capaz de trazer à vida um ser inorgânico, por exemplo, um choque entre os astros, uma explosão com grande emissão de calor etc. Se, por um lado, apenas algo tão intenso seria capaz de gerar vida, temos que por outro lado uma mesma intensidade capaz de gerar vida seria responsável pela morte ou pela supressão do estado orgânico. Ademais, não fossem as particularidades do inorgânico a suportar diferentemente a intensidade inicial capaz de gerar a vida, não teríamos a própria vida. Se uma parte permaneceu morta, outra se modificou; pode-se dizer que apenas um de seus estratos se transformou em camada protetora antiestímulos, capaz de absorver os estímulos exteriores (de contê-los, ligá-los) e de interiorizá-los (de convertê-los em pulsão), de modo a gerar um ser vivente. Segundo Freud, "a tensão assim gerada no material até então inanimado lutou por nivelar-se, nascendo assim a primeira pulsão a regressar ao inanimado" (Freud, 1920/2004b, pp. 36-38, tradução nossa). O estímulo que foi interiorizado no ser vivo teve de se transformar, e passou a existir num outro meio, passou pelo processo de tradução para uma "linguagem" desse meio interior, que carrega em si suas características anteriores, ou seja, de quando era inanimado. Desta maneira, a primeira pulsão que nasceu como estímulo entremeado no interior do ser inanimado fará um esforço característico para retornar ao inorgânico, como uma tentativa de "reproduzir seu estado anterior" ou, ainda, "como exteriorização da inércia na vida orgânica", expressando assim sua "natureza conservadora". Como diz Freud na "32ª conferência",

> *se é certo que alguma vez a vida surgiu da matéria inanimada – em uma época inimaginável e de um modo irrepresentável –, tem que ter nascido nesse momento, segundo nossa premissa, uma pulsão que quisesse cancelar a vida, que quisesse reproduzir o estado inorgânico. (Freud, 1933[1932]/1991, p. 99, tradução nossa)*

O ser vivo resultante, dotado de uma reserva energética própria em seu interior, em função de um aumento de sua complexidade, encontra formas particulares de transformação de energia, de manutenção da excitação interna abaixo do influxo de estímulos externos, que tendem a se nivelar com a excitação interna (como num processo de osmose). Como vimos, essa forma de transformação dá origem ao mecanismo de projeção, que também é fundamental para os processos patológicos transferenciais e mesmo para a instauração do próprio princípio do prazer. Na projeção, transforma-se o interno em externo, e se o aumento do volume de excitações produzidas internamente suscita risco, estas devem ser exteriorizadas ou descarregadas. Talvez seja importante repetir que, de acordo com o princípio do prazer, há uma tendência à descarga total de excitações pelo organismo, mas que por sua vez é modificada, já que uma descarga total é impossível, essa tendência envolve manter as excitações num nível mínimo.

Freud nos oferece o exemplo fictício de organismos cujas "células germinais" conservariam sua estrutura originária de substância viva e depois de algum tempo se descolariam do organismo como um todo. Essas células seriam dotadas de disposições pulsionais herdadas, bem como de outras adquiridas, o que daria a elas certa autonomia para, num ambiente propício, formar um novo organismo, "repetindo assim o jogo a que devem sua própria gênese" (Freud, 1920/2004b, p. 39, tradução nossa). Se por um lado esse novo organismo apresenta disposições ou pulsões herdadas de suas células germinais que mantêm o estágio primeiro, ou seja, de retorno ao inanimado, por outro, o desenvolvimento do organismo que é possibilitado pela fusão de células semelhantes, contudo, diversas, também se deve às pulsões adquiridas. Embora tentem manter o organismo praticamente isento de estímulos, operam contra uma tendência de morte, "contra o fenecimento da substância viva, [e] são genuínas pulsões de vida" (Freud, 1920/2004b, p. 40, tradução nossa) que acabam por prolongar o caminho que leva até a morte.

Da mesma maneira, elas também são conservadoras ao se esforçarem para retornar a um estado anterior, que, no entanto, não é mais inorgânico, mas o estado do qual parte a própria vida. Segundo Freud, "as pulsões orgânicas conservadoras recolheram cada uma destas variações impostas pelo curso vital, preservando-as na repetição, o que daria, por sua vez, uma falsa impressão de que essas forças aspiram à mudança" (Freud, 1920/2004b, p. 38, tradução nossa). Nessa repetição podemos observar que as disposições pulsionais devem estar juntas no organismo, "as pulsões sexuais (de vida) são conservadoras no mesmo sentido que as outras" (Freud, 1920/2004b, p. 40, tradução nossa), pois visam a estados anteriores da substância viva, "conservam uma velha meta através de novos e velhos caminhos" (Freud, 1920/2004b, p. 38, tradução nossa). Ao considerar que o estado anterior das pulsões de vida não seria o inorgânico, mas aquele no qual a vida surgiu e, com ela, a pulsão de morte, justifica-se o caráter conservador das pulsões de vida.

Portanto, podemos concluir que a partir de um questionamento retórico Freud aponta que a morte não é a única meta da vida: "ousaremos discernir nestas duas orientações dos processos vitais a atividade de nossas duas moções pulsionais, a pulsão de vida e a pulsão de morte"? (Freud, 1920/2004b, p. 48, tradução nossa). Freud recorre a Schopenhauer, dizendo que aportou inadvertidamente em sua filosofia, uma vez que, para o filósofo, a morte seria o "resultado genuíno" ou ainda a verdadeira finalidade da vida. (Freud, 1920/2004b, p. 49, tradução nossa). Mas, ao que parece, essa leitura não é a única possível, nem mesmo a mais apropriada. Segundo Maria Lúcia Cacciola, para Schopenhauer, "a vitória final das forças inferiores no curso do organismo é a sua morte, o restabelecimento do estado inorgânico" (Schopenhauer, citado por Cacciola, 2007, p. 103). Essa interpretação torna a apropriação freudiana de Schopenhauer sem fundamento, pois a morte não é em si uma finalidade, não é teleológica, mas uma decorrência do embate de forças inferiores. No entanto, deixemos a Freud a última palavra: "admitimos duas pulsões básicas e deixamos a cada uma, sua própria meta" (Freud, 1933/2001f, p. 100).[3]

Para Freud, a vida se desenvolve tanto graças à condição do princípio do prazer, ou seja, à excitação primordial que foi ligada e deu origem à vida (*Bindung*), tendo como decorrência a própria atividade da pulsão de morte; como pela ação incompleta do princípio do prazer, ou pelo não escoamento total de excitação, fazendo com que a tensão permaneça sempre constante, em um nível mínimo, pela própria ação vital do organismo; e a soberania do princípio do prazer "já [seria] o resultado de um [emaranhado], de uma fusão pulsional entre Eros e Tânatos" (Monzani, 1989, p. 230).

Dizíamos que apenas uma parte do inorgânico atingido pelas grandes intensidades iniciais de energia conseguiu sobreviver, e que, de acordo com Freud, "nessa época a substância viva resultava num fácil morrer, provavelmente tinha que recorrer a um único e breve caminho vital, cuja orientação estava marcada pela estrutura química da jovem vida" (Freud, 1920/2004b, p. 38, tradução nossa). Continuaremos a supor que dessa fase inicial, "inimaginável e irrepresentável", tenhamos somente alguns indícios, por meio de substâncias vivas que surgiram depois e tiveram sua vida prolongada, substâncias que foram modificadas por uma ação do meio exterior. Essa modificação posterior da substância viva lhe garantiu um período maior até que ela alcançasse a meta da morte. Esse rodeio para chegar até a morte "nos oferece o quadro dos fenômenos vitais" (Freud, 1920/2004b, p. 38, tradução nossa). Em outras palavras, desse período inicial, submetido exclusivamente à tendência ao inorgânico, só teríamos notícia por uma inscrição na espécie da substância viva que surgiu depois. A substância viva não é capaz de apresentar isoladamente essa tendência ao inorgânico,

3 Conferir Cacciola (1995).

a não ser por meio de ações indiretas, como pela compulsão à repetição, pelo jogo infantil, pela transferência ou ainda por meio do encobrimento pelo sadismo e pela agressão das pulsões sexuais. Nas palavras de Freud, "o nome de libido, podemos dar às exteriorizações da força de Eros, a fim de separá-las da energia da pulsão de morte. Isso corresponde a admitir que quando esta última não é ilustrada por meio da ligação com Eros resulta muito difícil de apreendê-la" (Freud, 1930/2004d, p. 117, tradução nossa); ou seja, dar à pulsão de morte uma representação.

Princípio de realidade: uma necessidade

Se anteriormente dizíamos que os processos inconscientes são tomados como relíquias de uma fase do desenvolvimento em que eram a única classe de processos anímicos, Freud nos adverte que "um aparelho psíquico que possui exclusivamente um processo primário não existe, é uma ficção teórica" (Freud, 1900/2004o, p. 592, tradução nossa). Isto é, o processo primário, ao qual denominou o livre escoamento de energia, encontra-se presente desde o início da vida, mas não funciona sozinho, e sim de acordo com o processo secundário, que leva a uma inibição do processo primário, e se constitui aos poucos estruturando assim o sistema pré-consciente.

> *Assim se fez necessária uma segunda atividade – a atividade de um segundo sistema –, que não permitisse que o investimento mnêmico avançasse até a percepção, que desde lá se ligasse a forças psíquicas, e conduzisse a excitação que partiu do estímulo pela necessidade de um rodeio, finalmente viesse, por via da motilidade voluntária, modificar o mundo exterior, havendo des-*

> *se modo uma percepção real do objeto de satisfação. (Freud, 1900/2004o, p. 588, tradução nossa)*

Neste trecho, Freud se refere ao avanço do investimento de energia desde os traços mnêmicos até a percepção, utilizando o modelo de aparelho psíquico proposto em *A interpretação dos sonhos* (1900), dividido em estratos. Temos assim, de fora para dentro, os sistemas *P-Cs* (*percepção-consciência*), o *Prcs* (*pré-consciente*) e os traços mnêmicos a compor o *Ics* (*inconsciente*). Esse rodeio, até que o desejo seja realizado, não é outra coisa senão uma inibição dos processos primários, uma ligação das excitações livres que se dirigiam regressivamente da memória ao sistema *P-Cs*, mecanismos característicos do sonho e da alucinação.

Dentre outras coisas, o processo secundário implica suportar mais energia dentro do aparelho psíquico, pois não funciona mais, por assim dizer, como uma via de livre escoamento de excitação; é preciso armazená-la ainda que transitoriamente e deixá-la fluir aos poucos. Esta contenção é feita pela ligação (*Bindung*) entre a energia e suas representações, atando uma à outra de maneira estável. Essa estabilidade garante que a energia escoe aos poucos, sem que haja uma descarga imediata e uma ativação perceptiva alucinatória. Mas o que levaria o aparelho psíquico a abandonar esse mecanismo de livre escoamento de energia? Freud responde que

> *somente a ausência da satisfação esperada, o desengano, pode ter tido como conseqüência o abandono da satisfação por vias alucinatórias. No lugar dessa intenção, o aparelho psíquico necessitou representar as constelações reais do mundo exterior e procurar a alteração real. Ao introduzir um novo princípio na atividade psíquica, já não se representa o que é agradável, mas o que*

> *é real ainda que desagradável. (Freud, 1911/2004c, p. 224, tradução nossa)*

Passemos agora à análise do "império do processo secundário" que modifica o curso da excitação vinculando-o a condições mecânicas inteiramente diversas do modo primário, quando o processo se encontrava sob o "império do inconsciente" (Freud, 1900/2004o, p. 589, tradução nossa).

A alucinação é o caminho mais curto para a realização do desejo, para a obtenção de uma *identidade perceptiva* ou para o reconhecimento de que aquilo que se encontra na percepção é igual à recordação do desejo e proporciona uma vivência de satisfação apenas momentânea, que acaba por incorrer num desengano quando uma satisfação duradoura não sobrevém. O desengano é responsável pela modificação "da atividade primitiva de pensamento em uma outra, secundária e mais adequada" (Freud, 1900/2004o, p. 588, tradução nossa). Ele faz com que o investimento não regrida até a percepção, de modo a não ultrapassar as imagens mnêmicas, e percorra um outro caminho para "estabelecer, desde o mundo exterior, a identidade perceptiva desejada anteriormente" (Freud, 1900/2004o, p. 588, tradução nossa). Para conseguir essa identidade, faz-se necessária uma comparação entre a recordação investida e a percepção do objeto que se encontra no mundo exterior, ou seja, é preciso estabelecer uma diferença entre o que é percebido desde o mundo exterior e o que é recordado.

Cabe assim ao sistema pré-consciente impedir que o investimento prossiga desde os traços mnêmicos até a percepção. Função esta que foi designada aos "estratos superiores do aparelho psíquico, para a ligação da excitação das pulsões que operam o processo primário" (Freud, 1920/2004b, p. 34, tradução nossa) na falta de uma proteção antiestímulos para a excitação proveniente de dentro. Essa via exige um "rodeio" da excitação, que surgiu desde a necessidade até a consumação e eliminação por um movimento voluntário capaz de modificar o meio exterior e chegar novamente a uma percepção real do objeto de satisfação. Freud diz que, para que isso ocorra, é necessário um acúmulo de experiências dentro do sistema de memória e uma múltipla fixação das referências de diversas "representações-meta" (Freud, 1900/2004o, p. 588) a servirem de barreira para esse investimento. As fixações, por sua vez, são dadas pela própria experiência, isto é, inscrições no sistema de memória que recebem uma mesma excitação propagada desde o sistema perceptivo. Estas inscrições são fixadas por simultaneidade, pela proximidade com esse último sistema, porém as inscrições mais distantes se dão por semelhança entre os traços de memória. Uma representação-meta servirá de orientação para o curso das associações; segundo Laplanche e Pontalis (1979), serve como orientação do curso de pensamentos, sejam eles conscientes, pré-conscientes ou inconscientes, e indica uma finalidade ao atrair outras representações, formando assim um encadeamento de pensamentos.

Essa complexa atividade que Freud descreve e chama de "pensamento" é um rodeio para restabelecer uma identidade perceptiva que, no entanto, é dada a partir do meio exterior e não por uma via alucinatória, não é nada além do estabelecimento de outro caminho a ser feito para que o desejo se cumpra: "portanto, o pensar não é outra coisa que o substituto de um desejo alucinatório" (Freud, 1900/2004o, p. 559, tradução nossa). Em termos econômicos, a capacidade de realizar esse rodeio pelo pré-consciente implica a capacidade de atrair investimentos para si e de emitir investimentos para o sistema de memória,[4] ou seja, significa que a

4 Como Freud comenta posteriormente na sessão F do cap. VII de *A interpretação dos sonhos* (1900): "O sistema Prcs não só bloqueia o acesso à consciência,

energia não é escoada imediatamente e permanece acumulada até que o escoamento tenha sido realizado, constituindo assim o sistema de inibição. Dessa forma, a inibição que conduz ao pensamento se dá por outra via, o processo secundário. Nele, podemos dizer, assim como no *Projeto de uma psicologia* (1895), que há "uma repetição do curso originário [de quantidades], num nível inferior, com quantidades menores" (Freud, citado por Gabbi, 1895/2003, p. 210). O processo secundário pode ser descrito também como uma moderação dos processos associativos puros com consequente distinção entre os investimentos internos e os externos, o que leva a crer que em termos quantitativos ocorre uma substituição da identidade perceptiva por uma *identidade de pensamento*, que pode, por sua vez, ser alcançada por experiências motoras capazes de alterar o mundo exterior.

É interessante observar que para obter uma identidade de pensamento é preciso realizar associações entre representações tendo como referência uma representação-meta, que atrai o investimento para si e não o devolve ao meio exterior sob a forma de uma ação. Quando isso não é possível, o investimento é contido nas vias que conectam as representações entre si e não há extravasamento de quantidades de investimento. Isso porque foi por meio do pensar que o aparelho anímico adquiriu propriedades que permitiram que ele suportasse a elevada tensão durante o adiamento da descarga (Freud, 1911/2004c, p. 226, tradução nossa). Entretanto, o aumento excessivo de energia é sempre percebido como desprazer na consciência, e esta, por uma influência dos órgãos sensoriais voltados para o exterior, excitados por outras qualidades que as de prazer e desprazer, é capaz de regular a circulação e a direção de investimentos sobre as representações, inserindo um outro modo

---

mas preside o acesso à motilidade voluntária e dispõe de recursos como o envio de energia de investimento móvel como a atenção".

de regulação que pode até vir a contrariar o princípio do prazer: trata-se do *princípio de realidade*, que possibilita no aparelho psíquico representar o que é real, por mais desagradável que seja.

A partir da constatação de que sob o império do processo secundário há uma maior contenção do fluxo de excitação pelo adiamento da descarga e a ligação de energia que pode ser aos poucos descarregada, Freud sugere, na última seção do capítulo VII de *A interpretação dos sonhos* (1900), que melhor seria supor a existência de dois processos ou modos do curso de excitação, em vez de dois sistemas a estruturar o aparelho psíquico. Contudo, logo em seguida volta a utilizar a "representação intuitiva de dois sistemas por julgar mais conveniente e justificada" (Freud, 1900/2004o, pp. 598-599, tradução nossa). Tais afirmações nos induzem a pensar que, independentemente de sua localidade psíquica, os processos são os verdadeiros determinantes da estrutura do aparelho psíquico. Mas Freud retorna ao modelo sistemático, alegando que "os mecanismos psíquicos não são localizáveis dentro dos elementos orgânicos do sistema nervoso, mas, por assim dizer, *entre eles*, onde resistências e facilitações constituem seu correlato" (Freud, 1900/2004o, pp. 598-599, tradução nossa), e o que está entre os elementos neurais corresponderia aos processos psíquicos.

Podemos ainda nos respaldar na interpretação feita por Laplanche, segundo a qual "a ficção biológica significa, em Freud, que a passagem da energia livre para a energia ligada está mediatizada por uma *idea* de organismo" (Laplanche, 1978, p. 76, tradução nossa). Sendo que se refere à *idea* como uma representação, ou, ainda, uma forma. Isto é, a partir da precipitação de uma ligação é que se tem a "homeostase do organismo, ou a sua forma" (Laplanche, 1978, p. 76, tradução nossa).

Desde o início, temos que forças externas impelem a vida na matéria inorgânica, transformam-na num organismo vivo, impõem a ele essa ligação de forças externas conforme sua própria matéria, e, dessa contenção, o ser vivo ganha forma. Uma ameaça de esfacelamento dessa forma inicial, pela excitação gerada no próprio interior, faz com que esta última seja descarregada até atingir um grau mínimo de excitação, pois uma ausência completa de excitações não é compatível com a própria forma estabelecida, ou seja, não seria possível a manutenção do próprio ser vivo. É necessário então que seja restabelecida a ligação, novamente imposta desde o exterior, pela realidade, para que a matéria viva seja modificada dentro da sua própria forma.

Da espécie ao indivíduo: o esquematismo das fantasias

De acordo com a teoria freudiana, forças externas agem sobre o aparelho psíquico, estruturando-o como que por coação; da mesma maneira, forças pulsionais, provenientes do interior do organismo, impõem a esse mesmo aparelho psíquico a submissão ao princípio do prazer. Segundo Freud, esse embate entre as forças externas e internas tem sua expressão no apego a fontes de prazer das quais o aparelho psíquico dispõe, bem como na dificuldade de renunciar ao prazer desde que houve a instauração do princípio de realidade (Freud, 1911/2004c, p. 226, tradução nossa). Isso significa dizer que

> *uma classe de atividade do ato de pensar foi separada, manteve-se afastada do exame de realidade e permaneceu submetida exclusivamente ao princípio do prazer. É o fantasiar, que se inicia com o jogo das crianças e mais tarde segue como sonhos diurnos, abandonando*

> *sua radicação nos objetos reais" (Freud, 1911/2004c, p. 227, tradução nossa).*

Na medida em que a atividade consciente do aparelho psíquico se adapta às exigências da realidade, é necessário que o homem renuncie, ainda que transitoriamente, à sua aspiração ao prazer. Isso exige algum tipo de compensação, uma vez que a renúncia ao prazer imediato representa uma árdua tarefa. Assim, o que se observa é que ele conserva uma atividade que não está submetida à realidade exterior, uma forma de expressão dela emancipada que se origina na satisfação alucinatória do desejo ao tentar reproduzir o modo de satisfação original: a *fantasia*.

Podemos dizer então que a fantasia representa sempre a satisfação de um desejo que se cumpre de maneira autoerótica, isto é, sem a necessidade de uma realidade exterior. Segundo Laplanche, a fantasia teria origem justamente no momento em que há uma ruptura entre a satisfação das necessidades e o prazer obtido alucinatoriamente: "momento mítico da disjunção entre o apaziguamento da necessidade (*Befriedigung*) e a realização do desejo (*Wunscherfüllung*) . . . momento mítico da separação entre a fome e a sexualidade" (Laplanche, 1988, p. 78, tradução nossa).

O início da investigação freudiana sobre a fantasia e seu papel na base da formação dos sintomas neuróticos data de 1897. Alguns indícios levaram Freud a desconsiderar traumas reais como causa da neurose e a dizer que já não acreditava mais na "sua neurótica". Dentre esses indícios, haveria o grande número de pais perversos responsáveis pela sedução de seus filhos, incluindo seu próprio pai; a frequência de casos de perversão que deveria ser maior que a de casos de histeria; e, principalmente, o indício de que no inconsciente não existe signo de realidade, "de modo que não é possível distinguir a verdade de uma ficção investida afetivamente" (Freud,

1897/2001g, p. 301, tradução nossa). A etiologia da neurose se encontraria então na infância, em impressões que afetam a vida sexual, mas podemos localizá-las mais precisamente nas fantasias de infância afloradas por vivências posteriores (Freud, 1898/2005b, p. 272, tradução nossa).

As fantasias individuais que agem como fator etiológico da neurose são geradas por uma "conjunção inconsciente de vivências" provenientes de diferentes sistemas (consciente e inconsciente) e se formam, por exemplo, a partir da combinação de fragmentos de cenas visuais ou restos de palavra que foram ouvidos, cujo resultado acaba por ser desfigurado (Freud, 1897/2001h, p. 293, tradução nossa).

Há fantasias que sempre foram inconscientes, formadas no inconsciente, bem como fantasias conscientes que depois se tornaram inconscientes por um ato de repressão, e, ao se tornarem inconscientes, "prontamente poderiam se tornar patogênicas, vale dizer, expressas em sintomas e ataques [histéricos]" (Freud, 1908/2003j, p. 142, tradução nossa). Tais fantasias seriam então estágios psíquicos prévios ao surgimento do sintoma, ainda que o nexo a ser estabelecido entre eles seja bastante complexo e dependa, nas palavras de Freud, "das dificuldades com as quais se deparam as necessidades das fantasias inconscientes em encontrar expressão" (Freud, 1908/2003j, p. 144, tradução nossa). Isso quer dizer que o sintoma expressa o compromisso entre diferentes forças pulsionais, dentre elas, necessariamente, pulsões sexuais, como componente do material da fantasia e forças pulsionais que se opõem a essas pulsões sexuais, ou seja, forças repressoras da libido provenientes da realidade ou dos sistemas ligados a ela.

Essas fantasias compõem um dos fatores constitutivos da neurose, como disposição herdada (*Anlage*) ou inata à criança, no entanto, pode-se dizer ainda que elas são elementos constitutivos de uma sexualidade primitiva do gênero humano (pré-histórica). Freud faz a consideração de que a relação desses elementos por meio de uma equação da etiologia da neurose que seria o resultado da soma de fatores internos e externos:

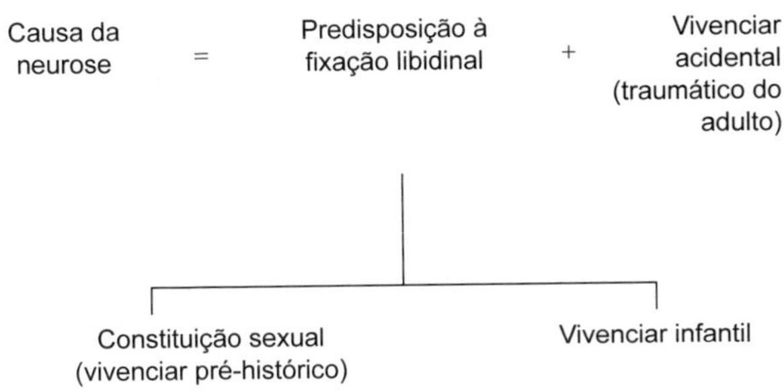

Figura 2.1 *Equação da causa da neurose: séries complementares (Freud, 2005c, p. 330).*

Na Figura 2.1 (Freud, 1916-1917/2005c, p. 330), tem-se que a neurose é causada pela soma da predisposição à fixação libidinal a uma vivência acidental (traumática) do adulto. A libido encontra-se fixada quando não avança completamente no curso de seu desenvolvimento, isto é, uma parcela da aspiração sexual permanece em estágios anteriores do desenvolvimento ainda que outras tenham alcançado a sua meta última (descarga da energia sexual). A predisposição à fixação seria, por sua vez, o fator interno à etiologia da neurose, e o trauma acidental, ou a frustração, seria o fator externo (Freud, 1916-1917/2005d, p. 315). É pela soma desses fatores, e somente por ela, que se tem o desencadeamento da neurose, pois cada fator é influenciado pelo outro, e nenhum deles, isoladamente, pode ser a causa exclusiva da neurose, e por isso formam uma *série complementar* (Freud, 1916-1917/2005d, p. 316).

Se por um lado temos uma série que se complementa como condição para formar o sintoma neurótico, por outro temos outra série complementar como base da predisposição à fixação libidinal, composta da disposição herdada e da vivência infantil. Essa outra série, que determina a fixação da libido, apresenta como fator interno a constituição sexual e como fator externo, a vivência acidental infantil. É interessante notar que a constituição sexual é apresentada como vivenciar pré-histórico ou, ainda, como um fator externo que, ao ter sido vivenciado pela espécie, foi posteriormente interiorizado e na atualidade se manifesta individualmente, como parte integrante de uma predisposição (*Disposition*) do próprio aparelho psíquico.

Encontra-se então como predisposição, ou tendência inata, uma regularidade para a regressão da libido que, atraída por vivências infantis de satisfação, nelas se fixa. A libido que retorna a posições infantis, depois de ter sido interditada em posições mais tardias, permanece represada em determinados pontos da via do desenvolvimento, e por meio da criação de um substituto para a satisfação frustrada recobra outro modo de satisfação por meio do sintoma. Nas palavras de Freud, "o sintoma repete de alguma maneira aquela modalidade de satisfação da infância, que posteriormente foi desfigurada pela censura que nasceu do conflito; como regra geral ele se volta para uma sensação de sofrimento mesclada a elementos provenientes da ocasião em que contraiu a enfermidade" (Freud, 1916-1917/2005c, p. 333, tradução nossa).

O que outrora foi motivo de prazer torna-se inconciliável com a consciência e com o princípio de realidade. A solução encontrada pelo aparelho psíquico no caso das neuroses é impor à libido uma regressão a objetos ou a posições que haviam sido abandonadas na infância. A libido, ao estacionar nessas posições ou objetos infantis, ou mesmo nas fantasias, faz com que estes se tornem extremamente expressivos, a ponto de exigirem satisfação libidinal. Isso requer, na maioria das vezes, uma renúncia ao princípio de realidade e substituição deste último pelo princípio do prazer; há um retorno para o próprio corpo, um deslocamento de objetos ou ações externas para algo que seja interno. A regressão torna-se assim um "retrocesso a uma espécie de autoerotismo ampliado, isto é, as pulsões substituem uma modificação do mundo exterior por uma modificação do corpo" (Freud, 1916-1917/2005c, p. 334, tradução nossa), retornam a um modo de satisfação primário da pulsão sexual que tinha como base o próprio corpo e que pode ser independente da realidade; o que, segundo Freud, de maneira geral, significaria substituir "uma ação exterior por uma interior, uma ação por uma adaptação, o que por sua vez corresponde a uma regressão de suma importância para o aspecto filogenético" (Freud, 1916-1917/2005c, p. 334).

Ao apresentar a conferência "Os caminhos da formação do sintoma" (1916-1917), Freud já não tinha dúvidas de que a necessidade de criar fantasias tem como fonte as pulsões ou, ainda, como já havia dito em outro lugar,[5] as pulsões sexuais, uma vez que "o conteúdo das fantasias é presidido por uma motivação muito transparente. São cenas ou circunstâncias que encontram satisfação para os afãs de ambição ou de poder, ou ainda para os próprios desejos eróticos" (Freud, 1915-1916/2003k, p. 89). Segundo Laplanche e Pontalis, "o mundo das fantasias assemelha-se às 'reservas naturais' que as nações civilizadas criam para lá perpetuarem seu estado natural" (Laplanche & Pontalis, 1986, p. 17).

Há algumas fantasias recorrentes, que aparecem com muita frequência e têm conteúdo idêntico, a saber: a relação sexual entre os pais, a ameaça de castração e a sedução por uma pessoa adulta. A explicação freudiana para essa recorrência é que elas seriam fantasias originárias, pertenceriam a um patrimônio herdado

5 Freud menciona as pulsões sexuais em *Três ensaios sobre a teoria da sexualidade* (vol. VII).

filogeneticamente e teriam origem na pré-história de cada indivíduo. "Por meio dessas fantasias o indivíduo conduz seu próprio vivenciar até um vivenciar da pré-história", remonta um tempo originário da família humana, em que essas foram realidade toda vez que o vivenciar individual foi insuficiente: "a criança que fantasia, hoje não faz mais que preencher as lacunas de suas verdades individuais com uma verdade pré-histórica" (Freud, 1916-1917/2005c, p. 338, tradução nossa).

Como vimos, a predisposição à fixação estabelece uma relação entre fatores externos (vivenciar infantil), bem como fatores internos (constituição sexual), que determina uma tendência à contração da neurose, que só irá se precipitar ao somar-se a uma vivência traumática na idade adulta. Mas essa tendência que depende de fatores herdados (constituição sexual) encontra-se diretamente ligada às fantasias. Isso porque a constituição sexual está calcada num vivenciar pré-histórico e é composta de lembranças de cenas infantis que nem sempre são verdadeiras, que "na maioria dos casos estão em oposição direta à verdade histórica" (Freud, 1916-1917/2005c, p. 338, tradução nossa). Assim, essas lembranças seriam fantasias que foram transmitidas por meio de um patrimônio filogenético a povoar a pré-história da humanidade, como nos diz Freud:

> *Onde se leva em consideração o elemento constitucional de fixação não se afasta o adquirido: retrocede a um passado ainda mais remoto, já que podemos afirmar que disposições herdadas são restos de aquisições dos antepassados. Com isso chegamos ao problema da disposição filogenética por trás da individual, ou ontogenética, e não há contradição quando o indivíduo adiciona às suas disposições herdadas, com base em vi-*

> *vências anteriores, as disposições recentes derivadas de vivências próprias. (Freud, 1916-1917/2005c, p. 322, tradução nossa)*

Dessa maneira, temos que o sintoma neurótico estaria ligado às fantasias infantis derivadas de fantasias responsáveis pela própria constituição sexual. Em contraposição às fantasias individuais, essas fantasias foram chamadas por Freud de *fantasias originárias* ou *primordiais* (*Urphantasie*). As vivências históricas acidentais infantis, por sua vez, seriam responsáveis pela atualização e consolidação das fantasias originárias, que podem ser consideradas "sequelas de vivências adquiridas de nossos antepassados" (Freud, 1916-1917/2005c, p. 329, tradução nossa). Além disso, essas vivências também determinam o tipo de neurose a ser contraída, uma vez que o fator externo acidental age como um marcador temporal decisivo para a especificidade da neurose. "Trata-se da contraposição entre as figuras da história e da pré-história, que marcam dois tempos diferenciados da estrutura subjetiva" (Birman, 1991, p. 86).

Para um maior esclarecimento da afirmação anterior, retomamos aqui, abreviadamente, o processo de repressão que Freud descreve na "Carta 52" (1896) escrita a Fliess. A repressão de determinado conteúdo se deve "a uma negação (*Versagung*) da sua tradução entre sucessivas fases psíquicas" (Freud, 1896/2001a, p. 276, tradução nossa).[6] O conteúdo que tem sua tradução negada não pode ser transposto topicamente. Isto é, pela possibilidade de desprendimento de desprazer, ao conteúdo inconsciente é negado o acesso à consciência, de modo que este permaneça estagnado em uma determinada época. Esse material é então *fixado* numa determinada fase do desenvolvimento individual, e Freud nos

---

6 Cf. também as tabelas apresentadas nessa carta que indicam os três grupos de psiconeuroses sexuais e as condições para a contração dessas neuroses.

diz que "as fixações inerentes às disposições dessas enfermidades (neuróticas) parecem se organizar numa sequência que, no entanto, estão ordenadas em sentido contrário, especialmente quando é considerada a disposição libidinal" (Freud, 1915/1985, p. 73). Isso quer dizer que o tipo de neurose a ser contraída depende de uma sequência cronológica dos eventos traumáticos, e, quanto mais tardios, maior será a regressão libidinal para fases mais precoces onde a libido irá se fixar.

Freud sustenta a ideia de que a "neurose contém mais do que a regressão traz consigo. Ela é também expressão da resistência contra essa regressão, um compromisso entre coisas antigas de tempos primitivos e a exigência do culturalmente novo" (Freud, 1915/1985, pp. 74-75). Com isso, "pode-se estabelecer uma outra sequência, esta filogenética, que ocorre realmente em paralelo com a sequência cronológica das neuroses", e nos sugere, nesse mesmo texto (*Neuroses de transferência: uma síntese*), quais seriam as causas primitivas do aparecimento das diferentes neuroses; nos mostra quais seriam os fatores naturais que poderiam levar toda a espécie humana a uma mudança na organização social e, consequentemente, à possibilidade de contração de neuroses no período que sucede o fim da era glacial.

A possibilidade de contração da neurose, na atualidade, aparece individualmente como um fator herdado de uma espécie humana primitiva, na forma de fantasias primordiais, das quais só temos notícia indireta por meio das fantasias individuais e que justamente podem vir a desencadear as neuroses. Cabe aqui nos perguntar: como seria a transmissão dessa herança filogenética? Como ocorre a introjeção dessas características universais da espécie em um indivíduo particular?

Monzani sugere que "essa herança filogenética da fantasia [funcionaria] exatamente da mesma maneira que os instintos dos animais, já que se tratam de comportamentos pré-formados que carregamos conosco" (Monzani, 1990, p. 102). No texto do caso do "Homem dos lobos", de 1916, encontramos uma resposta esboçada pelo próprio Freud:

> *se no ser humano existisse um patrimônio instintivo dessa índole não seria assombroso que ele recaísse especialmente sobre os processos de vida sexual, ainda que não pudessem ser limitados a ela. Esse instintivo seria o núcleo do inconsciente, uma atividade mental primitiva que é destronada pela aquisição de razão pelo homem e que se superpõe a ela, mas que, com muita frequência, provavelmente em todas as pessoas, conserva força suficiente para atrair para si os processos anímicos superiores. (Freud, 1916/2003l, p. 109, tradução nossa)*

Esta afirmação não diz respeito diretamente à transmissão das fantasias, mas sugere que o patrimônio, assim dito "instintivo", seria composto de processos sexuais, e formaria o núcleo do inconsciente, no qual encontramos uma atividade mental primitiva que na atualidade se encontra calcada nas fantasias. Dessa maneira, podemos encontrar uma explicação mais satisfatória sobre o modo como ocorre a transmissão das fantasias nos, assim ditos, esquemas congênitos (*Schemata*). Esquemas esses "que por via filogenética, como categorias filosóficas (*philosophische Kategorien*), procuram a colocação das impressões vitais", seriam as próprias "precipitações da história da cultura humana" (Freud, 1916/2003l, p. 108). Ou seja, os esquemas, como esboços de fantasias gerais da espécie, buscam de alguma maneira representação na vida individual, e, de acordo com Monzani, tais esquemas poderiam bem ser "virtuais", porque "só se concretizariam através de determinações empíricas que serviriam para catalisar as fantasias sem, no entanto, fazer dessas um produto pronto e acabado, que o sujeito carregaria consigo desde o nascimento" (Monzani, 1990, p. 103).

As fantasias primordiais podem, então, ser consideradas a própria expressão filogenética, ou uma expressão da espécie no indivíduo, ainda que tenhamos notícias dessas fantasias primordiais apenas indiretamente, ora por meio das fantasias individuais precipitadas a partir das vivências infantis, ora a partir do sintoma neurótico desencadeado pelas vivências do adulto. Elas encontram-se desde o nascimento do indivíduo como constituição sexual ou como uma *disposição herdada* que retoma a espécie como *regra*, isto é, como forma geral capaz de englobar a multiplicidade individual, e, como vimos, a elas é dado o nome de esquemas (*Schemata*) congênitos a serem transmitidos como categorias filosóficas. Poderíamos então pensar numa forma de esquematismo para unir as fantasias primordiais às individuais, um esquematismo tal que viesse a precipitar a cultura no indivíduo de modo a expressar o universal no particular?

Freud, em *A história de uma neurose infantil*, ou o "Homem dos lobos", afirma que os esquemas seriam "precipitados da história da cultura humana" (Freud, 1916/2003l, p. 108, tradução nossa), e toma como exemplo o complexo de Édipo, que é ele mesmo uma *regra* do vínculo da criança com seus progenitores. Dessa maneira, aquilo que foi transmitido ao longo da filogênese e se encontra no núcleo do inconsciente desde o nascimento da criança seria um *esquema* ou uma *regra* que, embora não seja uma formação inteiramente acabada, vale invariavelmente para todos os seres humanos como condição da fantasia individual. O esquema ou regra seria, portanto, o *esboço* geral de todas as formas possíveis de fantasias individuais, que por sua vez não fariam outra coisa que atualizar os esquemas com conteúdos individuais.

Se por um lado está claro que o esquema, nos termos em que Freud o concebe, como fantasia originária, ou primordial, é um precedente que só se torna representação individual quando é atualizado pela experiência, por outro lado, na teoria psicanalítica não há indícios de como isso ocorre, isto é, de como as fantasias podem ser transmitidas na espécie à maneira de categorias filosóficas e como poderiam elas se adequar a impressões que lhes garantam representação no indivíduo. Tudo o que se pode depreender das escassas indicações de Freud a respeito é que só temos notícia da fantasia primordial através das fantasias individuais, e que estas se desenvolvem a partir daquela. Para que a fantasia primordial seja apreensível, nos valemos de uma relação analógica com a fantasia individual, dado que a primordial não aparece no indivíduo e é supostamente uma fantasia da espécie, o que implica uma apreensão analógica da espécie pelo indivíduo através das fantasias.

É como se o indivíduo fosse a imagem sensível, a exposição concreta da espécie. Se considerarmos a fantasia como classe de pensamentos não submetida ao princípio de realidade, ela é tomada como uma classe comum de pensamentos referentes a toda espécie, mas que se manifesta no indivíduo e que, portanto, exige satisfação de maneira particular. Temos com isso que a fantasia individual nada mais é que um símbolo das fantasias primordiais, simbolizando-as por substituição, sem expor diretamente a própria fantasia originária ou primordial. O indivíduo leva consigo a *regra* ou o *esquema* da espécie, mas se desenvolve, particularmente, de acordo com as próprias experiências que o diferenciarão de todos os outros indivíduos dessa mesma espécie.

Nesse sentido, parece-nos que seria interessante retornar, a título de aproximação, à teoria do simbolismo tal como formulada por Schelling e exposta por nós no primeiro capítulo. A diferença é que agora poderíamos, em termos freudianos, chamar de *símbolo*, que é compreendido por Schelling sob a designação de *esquema*, termo que denota uma simbolização indireta. Conforme explica o filósofo alemão,

> *o esquema tem de ser diferenciado tanto da imagem quanto do símbolo, com o qual muito frequentemente é confundido. A imagem é sempre tão determinada por todos os lados, que para a completa identidade da imagem com o objeto só falta a parte determinada do espaço no qual aquele se encontra. O esquema, ao contrário, não é uma representação determinada por todos os lados, mas somente intuição da regra na qual um objeto determinado pode ser produzido. É intuição, não conceito, pois é aquilo que faz a mediação do conceito com o objeto. No entanto, também não é intuição do próprio objeto, mas apenas intuição da regra segundo a qual um tal pode ser produzido.*[7] *(Schelling, 1800/1988, p. 308, tradução nossa)*

Para Schelling, a intuição *a priori* de uma regra serve para representar conteúdos dados na sensibilidade. Se por um lado se diferencia de uma representação delimitada e determinada, por outro diferencia-se do conceito puro, pois resta no esquema a capacidade de intuir, não um objeto específico, mas um objeto em geral. E quando Schelling ilustra o esquema a partir do exemplo do artista mecânico, fala da produção de um objeto a partir de um conceito: "esse conceito esquematiza para ele, isto é, na imaginação, o conceito, em sua universalidade, se torna imediatamente para ele ao mesmo tempo o particular e a intuição do particular. O esquema

7 Observe-se que com essa distinção Schelling retoma e reformula a teoria kantiana do esquematismo transcendental; cf. a respeito Torres Filho (2004).

é a regra que guia seu produzir, mas nesse universal ele intui, ao mesmo tempo, o particular" (Schelling, 1859[1801-1805]/2001, p. 70). Ou seja, a intuição de um particular é dada pela própria regra e não pelo elemento sensível que garante ao objeto particular a sua própria singularidade. O esquema é uma intuição *a priori* e não um conceito puro, e realiza a mediação entre o conceito e o objeto por meio de uma imagem, e é, ao mesmo tempo, o particular e a intuição desse particular.

Considerando novamente que para Freud esquemas (ou fantasias originárias) são congênitos, transmitidos por uma via filogenética, e, tal "como categorias filosóficas, procuram a colocação das impressões vitais", teríamos que eles são expressões inatas, provenientes de um período anterior a este; verdadeiros esboços inscritos no aparelho psíquico que são transmitidos pela intuição de uma regra de expressão, que ao se submeterem à atividade vital tanto interna como externa são modificados e delimitados, tornam-se fantasias individuais. Ao adotarmos o esquematismo shellinguiano para elucidar a teoria freudiana, podemos pensar em algo como um *esquematismo freudiano*. Um esquematismo peculiar, que nos parece possível e mesmo pertinente, que teria existido no período determinado em que as pulsões estão espalhadas por todo o corpo, em que não têm forma definida e são autoeróticas, ou, nas palavras de Monzani, "nesse hiato temporal em que a pulsão sexual se comportaria de forma livre, perversa e polimorfa" (Monzani, 1990, p. 103), antes da cristalização das fantasias, quando elas ainda não se tornaram uma classe destacada de pensamentos conscientes submetida ao princípio do prazer, quando elas ainda não foram, em suma, *traduzidas* em imagens.

Um esquematismo freudiano no mesmo sentido em que Schelling o propõe só seria possível, porém, para o período descrito. Caso contrário poderíamos incorrer no erro de considerar uma indiferenciação entre as fantasias (primordial e individual), o que implicaria uma intuição ao mesmo tempo do universal no particular. A fantasia originária ou primordial é condição, esboço da espécie que se manifesta no indivíduo, somente a partir das experiências que nele foram impressas e uma suposta intuição concomitante do universal no particular se daria de modo que o universal fosse ele próprio o particular apenas num período autoerótico, em que as fantasias originárias ainda não se tornaram individuais, num período fictício em que espécie e indivíduo não teriam se diferenciado.

3. Instâncias e linguagens

Se a mínima ação do entendimento não pode ocorrer sem sinal verbal, então o primeiro momento da consciência foi também o momento do nascimento interior da linguagem.

Herder (1987), *Ensaio sobre a origem da linguagem*

Os tempos da libido

Em um breve escrito de 1920, "A associação de ideias de uma menina de quatro anos", Freud nos descreve a conversa de uma menina norte-americana de quatro anos com sua mãe. A menina descobre que sua prima vai se casar e a partir desse dado infere que sua prima teria um bebê. Para o espanto de sua mãe, a menina segue dizendo que também sabe sobre o crescimento das árvores e sobre a criação do mundo: "sei também que as árvores crescem da terra (*in the ground*) e que o bom Deus cria o mundo (*makes the world*)" (Freud, 1920/2004p, p. 261, tradução nossa). Freud observa que o espanto da mãe vem da compreensão de que sua filha havia feito uma associação de ideias de maneira simbólica, isto é, as crianças são provenientes de suas mães, as árvores da "Mãe Terra" e todas as outras coisas do "Bom Pai".

Ainda que esta última inferência da menina já corresponda a uma ideia sublimatória, e tem, portanto, a sua meta dessexualizada, a associação entre as duas primeiras ideias revela, conforme o que a menina diz, como o pensamento está sujeito ao desenvolvimento anímico e ao da sexualidade de cada um. Segundo Freud, uma criança de quatro anos encontra-se, quanto ao desenvolvimento da sexualidade infantil, na primeira fase da eleição de objeto, momento em que já existe uma unificação das pulsões parciais, mas ainda não há uma submissão, ou uma submissão incompleta, ao primado genital. Esse primeiro tempo da eleição de objeto tem como característica o direcionamento dos afãs sexuais a uma única pessoa, a determinadas coisas ou assuntos específicos, que possam satisfazer sua meta (Freud, 1905/2003f, p. 181), como observamos na menina que se detém na geração de todas as coisas.

Essa primeira fase de eleição de objeto se estende dos dois aos cinco anos e dela se segue um período de latência sexual da infância, período em que toda a energia sexual, ou quase toda ela, é desviada de seu uso sexual. Nos *Três ensaios sobre a sexualidade* (1905), Freud supõe que é a partir de moções sexuais infantis, com suas metas redirecionadas para fins não sexuais, que são erigidas as importantes construções da cultura pessoal, bem como delas decorre a responsabilidade pela normalidade psíquica do indivíduo adulto.

De acordo com a teoria freudiana, a sexualidade infantil se exterioriza de maneiras diversas conforme a fase em que se encontra. Até por volta dos dois anos, as pulsões sexuais, que emanam dos órgãos ou das zonas erógenas, e que se encontram disseminadas pela superfície corpórea, são designadas "parciais". Por não se encontrarem unificadas (Freud, 1905/2003f, p. 213) e por exigirem satisfação imediata, são autoeróticas e, portanto, carecem de objeto:

> *Tendo em vista uma caracterização geral das pulsões sexuais, pode-se dizer delas o seguinte: são numerosas, brotam de múltiplas fontes orgânicas, atuam inicialmente de modo independente umas das outras para depois reunirem-se numa síntese mais ou menos acabada. (Freud, 1915/2003d, p. 121, tradução nossa)*

Uma das características do autoerotismo é a fragmentação das pulsões, que, posteriormente, ao ser substituída pela unificação destas, forma uma organização pulsional mais sólida, permitindo assim alcançar uma *meta* sexual em um objeto alheio (Freud, 1905/2003f, p. 179). A relação estabelecida entre as pulsões sexuais (a libido) e certas zonas erógenas, determina, segundo Freud, os tipos de organização da vida sexual. Dois deles são pré-genitais, sendo o primeiro tipo denominado *oral* ou *canibal*, o segundo, *sádico-anal*, e há um terceiro tipo de organização, o da *eleição de objeto*, que ocorre em dois tempos, antes e depois do período de latência, e se mantém sob o primado da zona genital, com ou sem a finalidade de reprodução.

Tem-se assim que, pela psicanálise freudiana, a exteriorização da vida sexual se deve à sua própria organização, que por sua vez é direcionada pelas metas sexuais infantis, o que significa dizer que essa exteriorização está condicionada às zonas erógenas. Segundo Freud, "uma zona erógena é um setor de pele ou de mucosa em que estimulações de determinada classe provocam uma sensação prazerosa de determinada qualidade" (Freud, 1905/2003f, p. 166, tradução nossa). Ora, mas sabemos que as zonas erógenas podem ser quaisquer setores de pele ou mucosa que, ao serem estimulados provocam sensações de prazer, o que significa dizer que qualquer área do corpo pode ser elevada à condição de zona erógena. Dessa maneira, a meta sexual infantil visa produzir ou reproduzir uma vivência de satisfação pela estimulação apropriada de uma zona erógena. No caso da organização pré-genital *oral*, a atividade sexual não é distinta da nutrição. No início, o prazer de se alimentar (autoconservação) se confunde com o próprio prazer de sucção (o que viria a ser um prazer sexual) – "aquilo que é objeto de uma atividade é também o da outra". A criança não diferencia o tipo de satisfação, se sexual ou de autoconservação, e limita-se a distinguir satisfação de não satisfação, distinção que proporciona assim a capacidade de "incorporar" tudo o que é satisfatório (Freud, 1905/2003f, p. 179, tradução nossa).

Seguida da organização oral, temos a organização pré-genital *sádico-anal*, fase imediatamente precedente ao primeiro tempo da eleição de objeto; observa-se uma separação de atitudes opostas que envolvem a vida sexual, a saber, a atividade e a passividade: "a atividade é produzida pela pulsão de apoderamento através de toda a musculatura do corpo, incluindo a intestinal e como órgão de meta sexual passiva tem-se em particular a mucosa do intestino" (Freud, 1905/2003f, p. 180, tradução nossa).

O controle da musculatura intestinal possibilita a retenção ou liberação das fezes, em outra palavras, o controle sobre aquilo que representa uma parte do próprio corpo, mas que pode facilmente se separar: "em torno da evacuação, apresenta-se para a criança uma primeira decisão a ser tomada entre a atitude narcisista e a de amor de objeto" (Freud, 1917/2003m, p. 120, tradução nossa). Ao investir libidinalmente na musculatura intestinal e reter as fezes em si, a criança retém parte de si mesma e se satisfaz de maneira autoerótica, ou ainda pode agir de modo a afirmar sua própria vontade, a controlar ativamente sua própria musculatura. No entanto, quando libera parte de si, é como se estivesse se sacrificando em nome de um amor, prenunciando assim a eleição objetal e o esboço de um primeiro embate com a inibição que sofrerá do mundo exterior. Quando Freud distingue objeto ativo de passivo, o faz porque um se refere ao controle da musculatura intestinal, e o outro, em parte decorrente desse controle, se refere à própria ativação passiva da mucosa intestinal realizada pelas fezes. O prazer obtido a partir do apoderamento não ocorre apenas com a mucosa intestinal, mas se estende a qualquer atividade muscular, que pode facilmente desbordar em crueldade e se comportar "como uma das raízes da pulsão sádica" (Freud, 1905/2003f, p. 184, tradução nossa). Situações de luta que envolvem o contato físico vêm reforçar tanto o impulso de apoderamento pela atividade muscular quanto o contato corporal passivo com o oponente, o que consequentemente desperta a excitação sexual tanto de maneira ativa como passiva.

Nas fases pré-genitais, oral e sádico-anal, as moções sexuais se encontram apoiadas em outras funções vitais, ou orgânicas, como o sugar e o evacuar, bem como se comportam de maneira autoerótica, isto é, "buscam e encontram seus objetos no próprio corpo" (Freud, 1916-1917/2005e, p. 329, tradução nossa), portanto, não necessitam de um objeto exterior a si próprio para obter prazer. Já na fase posterior, a de *eleição de objeto*, há uma unificação das pulsões parciais sob o primado genital, que num primeiro momento, durante a infância, não tem função reprodutora, o que acontece apenas posteriormente, na puberdade. Como nos diz Freud,

> *na vida sexual – o que chamamos de função libidinal – não emerge como algo acabado, tampouco cresce semelhante a si mesma, mas nela se pode observar uma série de fases sucessivas que não apresentam o mesmo aspecto . . . e o ponto de viragem desse desenvolvimento*

> *é a subordinação de todas as pulsões parciais sob o primado dos genitais. (Freud, 1916-1917/2005c, p. 329, tradução nossa).*

A subordinação das pulsões parciais ao primado genital inicia-se na infância, anteriormente ao período de latência, na primeira fase da eleição de objeto. Como dissemos, há uma convergência das moções sexuais em um único objeto alheio a si mesmo, mas podemos acrescentar que o objeto normalmente escolhido se assemelha bastante ao "primeiro objeto da pulsão oral" (Freud, 1916-1917/2005k, p. 300), ou seja, o que antes era o seio materno, a partir da eleição de objeto, passa a ser a mãe. E a principal consequência da eleição da mãe como objeto de amor é o desencadeamento do complexo de Édipo e do trabalho psíquico da repressão, "que subtrai do saber da criança o conhecimento de uma parte de suas metas sexuais" (Freud, 1916-1917/2005k, p. 300, tradução nossa). O complexo de Édipo que, analogamente, narra a trama da tragédia grega de Sófocles, envolve os desejos dos dois crimes de Édipo, o incesto materno e o parricídio. A eleição da mãe como objeto de amor tem como consequência a repressão dessas duas metas sexuais infantis, as de estabelecer uma relação incestuosa com a mãe e matar o pai. Uma repressão como essa, que podemos chamar de "repressão propriamente dita", só se resolve com a instauração do período de latência, e, portanto, com o declínio do próprio complexo de Édipo pela via da identificação (Laplanche & Pontalis, 1979, p. 119).

De uma maneira breve, vimos os efeitos do desenvolvimento da sexualidade sobre a estruturação da personalidade e do complexo de Édipo e, como veremos adiante, também sobre a constituição das diferentes instâncias psíquicas, como o *ego* e o *superego*. Do mesmo modo, de acordo com nossa leitura da teoria freudiana, supomos que tanto o pensamento como a linguagem verbal estejam subsumidos a esse processo de desenvolvimento psíquico-sexual infantil.

O pensamento pode ser tomado por um rodeio de uma descarga motora ou por um rodeio de uma ação, que é, por sua vez, consequência da instauração do processo secundário e, portanto, do investimento de quantidades de energia em representações. À medida que se tem o investimento dessas representações, circuitos de representações são formados e acabam por inibir o livre escoamento de energia de modo a estruturar a instância psíquica responsável pela censura e pelo acesso à motilidade, a saber, o ego. Dessa maneira, temos que o pensamento em parte é responsável pela estruturação do aparelho psíquico e é por ele regulado enquanto o ego se desenvolve. E no que diz respeito à linguagem verbal, sugerimos aqui que ela seria uma consequência do ponto de viragem em que ocorre uma unificação pulsional e a eleição de objeto, período em que podemos observar a perda do interesse exclusivo do corpo próprio para dar lugar às próprias ações, à própria linguagem e, por fim, aos objetos externos.

O pensamento e os três tempos da linguagem

A linguagem motora: modo simbólico de expressão

> *A suspensão necessária da descarga motora (da ação) foi procurada pelo processo de pensar, que se constituiu desde o representar. O pensar foi dotado de propriedades que possibilitaram o aparelho anímico suportar a elevação da tensão de estímulos durante o adiamento da descarga. É essencialmente uma tentativa de ação*

> *com deslocamento de menores quantidades de investimento que se cumpre com menor gasto destas. Para isso, um transporte de investimentos livres e facilmente deslocáveis é requerido para a ligação dos investimentos, que só foi possibilitada por meio de um aumento dos processos de investimentos em seu conjunto. (Laplanche & Pontalis, 1979, p. 119)*

A partir do extrato citado, vê-se que Freud refere-se a uma suspensão necessária da ação que dá lugar ao pensar. Uma inibição como essa se deve ao modo como estímulos sensoriais são tratados, isto é, por via de uma ação, mesmo que reflexa, elimina-se os estímulos provenientes do exterior. Decorrente disso tem-se um alívio da tensão pela via de uma descarga motora. No entanto, para os estímulos provenientes do interior do corpo, que são o "resultado de grandes necessidades como a fome, a respiração, a sexualidade" (Freud, 1895[1950]/2001c, p. 341), é necessária uma ação específica. "A excitação imposta pela necessidade interior também buscará drenagem na motilidade dirigida ao exterior, mas acaba por ocorrer uma *alteração interna*" (Freud, 1900/2004o, p. 557, tradução nossa). A excitação proveniente do interior age de maneira continuada e só pode ser cancelada por uma vivência de satisfação proporcionada por uma ação específica que normalmente vem de um "*auxílio externo*" (Freud, 1895[1950]/2001c, p. 341).

A percepção do auxílio externo proporcionada por essa vivência de satisfação gerará uma representação e, da mesma maneira, o ato motor também formará uma imagem de movimento associada correspondente à percepção. Dessa forma, além do registro da vivência de satisfação, tem-se também o registro mnêmico do movimento realizado pelo próprio indivíduo que se enlaça ao registro de satisfação. Assim que houver uma próxima situação de necessidade, com os traços mnêmicos já enlaçados, haverá um novo investimento psíquico sobre essa percepção na tentativa de recobrá-la ou, nas palavras de Freud, na tentativa de "restabelecer a satisfação primeira" (Freud, 1900/2004o, p. 559, tradução nossa). A tentativa de recobrar a satisfação primeira de modo alucinatório se deve ao investimento dos traços mnêmicos registrados da vivência de satisfação até a percepção, ou seja, pelo investimento regressivo que leva a uma satisfação alucinatória, recobra-se a percepção. Desse modo, a moção de investimento que tenta recobrar a percepção é chamada de desejo, e o reencontro com esta última seria o cumprimento de um desejo (Freud, 1900/2004o).

Mas tanto estados de desejo decorrentes de vivências de satisfação como afetos que resultam de vivências dolorosas promovem um aumento da quantidade de energia que é sentido como desprazer pelo aparelho psíquico, e, em virtude da impossibilidade de uma eliminação dos estímulos pela via motora, há um adiamento da descarga. Decorrente desse adiamento, o aparelho psíquico parece repetir a estratégia anteriormente adotada, não a de evitar o desprazer, mas a de manter o organismo vivo; repete-se então a *Bindung* primordial, ou essa ligação que é condição para o princípio do prazer. Pelo impulso de ligação, repete-se a situação primeira de contenção da excitação e, consequentemente, tem-se o escoamento de pequenas quantidades de energia, de modo que tanto a modificação do ato reflexo quanto a descarga motora estariam a serviço do movimento pulsional, a serviço de Eros. Encontramos, assim, a partir de um mecanismo já conhecido do aparelho psíquico, o estabelecimento do modo secundário de trabalho, o modo ligado e, portanto, o estabelecimento do pensamento já subsumido ao próprio movimento das pulsões e ao desenvolvimento psíquico-sexual.

Freud nos indica num texto metapsicológico que "é provável que em sua origem o pensar fosse inconsciente, e na medida em que se elevou acima do mero representar, dirigindo-se *às relações* entre as impressões de objeto, adquiriu novas qualidades perceptíveis para a consciência, unicamente pela ligação com os restos de palavra" (Freud, 1911/2004c, p. 226, tradução nossa). Desde o representar, tem-se então uma forma de pensamento submetida às leis do inconsciente, ou seja, representações inconscientes que não se encontram ligadas aos seus nomes; como já vimos, e não estariam diretamente relacionadas às impressões de objetos em geral, mas seriam representações de alguns objetos em particular, impressões que um dia foram percepções de objetos vinculadas à consciência. No entanto, essas impressões, ao serem traduzidas para o sistema mnêmico, tornam-se inconscientes e, por não estarem ainda ligadas às representações-palavra, são desprovidas de significado, daí a aparência de uma coisa (*Sachvorstellung*).

Se por um lado tem-se que o cumprimento de um desejo é um estado alucinatório que impede o processo de pensar, por outro podemos observar a justa contrapartida, isto é, que os estados de desejo promovem o pensar, ainda que "a meta e a finalidade de todos os processos de pensar sejam o estado de identidade" (Freud, 1895[1950]/2001c, p. 378, tradução nossa); alcançar a identidade entre o desejado e o percebido de maneira alucinatória impede a diferenciação entre recordação e percepção, portanto, uma indiferenciação entre o interior e o exterior do organismo. Isto porque a satisfação alucinatória do desejo causa uma ilusão de retenção do objeto desejado, como acontece, por exemplo, nas fantasias de fome ou nas psicoses alucinatórias e, por conta disto, a atribuição do mesmo valor para os processos internos e os processos perceptivos (Freud, 1900/2004o, p. 558).

Contudo, quando é constatada uma diferença entre a percepção obtida e a representação mnêmica desejada, instaura-se o processo de *julgar*. Nesse processo, a imagem de desejo continua sendo buscada na percepção, porém por um movimento próprio, de modo que algo que se encontra "presente como representação dentro do ego possa ser reencontrado também na percepção (realidade)" (Carone, 1983, p. 130).[1] A função do juízo seria buscar uma representação por um movimento próprio, admitindo ou recusando a existência dessa representação na realidade.[2] Ou seja, a busca da representação na percepção já caracterizaria uma oposição entre aquilo que é subjetivo e o que é objetivo. Do movimento realizado são formadas representações do próprio movimento que se associam à imagem de desejo (interna) que será, como um todo, discernida do complexo de representações da percepção (externas).

Uma oposição como essa não existe desde o início, só pode ser estabelecida a partir da inibição que se dá pelo processo psíquico secundário, porque o pensar é capaz de tornar presente um objeto percebido pela representação mnêmica. Ou seja, tem-se uma atualização temporal a cada vez que representações são buscadas pela meta do pensamento, e nessa tentativa de reencontrar a representação de desejo há então uma distinção de representações próprias de percepções provenientes do exterior. Vemos assim que pelo ato de julgar elege-se uma ação motora que "põe fim ao adiamento exigido pelo pensamento e faz a passagem do pensar para o agir" (Carone, 1983, p. 131). Mas não seria o julgar já o surgimento de uma linguagem motora ou, como diz Freud, uma "ação tentativa" ou um "tatear motor" com a finalidade da

---

1 A citação é da tradução que Marilene Carone fez do texto freudiano *A negação*, inicialmente publicada na revista *Discurso* como artigo ("A negação, um claro enigma de Freud") e posteriormente, em 2014, como livro pela editora Cosac Naify.

2 No período autoerótico, incorpora-se aquilo que é satisfatório e elimina-se tudo o que possa gerar insatisfação. No ego, tudo que é bom faz parte do sujeito (termo utilizado por mera contraposição a objeto), e tudo que não é bom, é dele afastado: "o ego-de-prazer originário quer introjetar em si o bom e pôr para fora todo o mau. O mau, aquilo que é estranho ao ego e que se encontra fora" (Carone, 1983).

identidade? E não seria essa finalidade o reencontro mesmo com a própria percepção? Poderíamos pensar aqui, novamente, no simbolismo de Schelling, em que a "significatividade" do símbolo coincide com o que ele significa (Torres Filho, 2004, p. 133). Se é assim, a linguagem motora inicial da criança não teria nada de denotativo, seus movimentos remeteriam a si mesmos, seriam "intransitivos" (Todorov, 1977, p. 206).

De acordo com um exemplo dado por Freud no *Projeto para uma psicologia* (1895), o processo de julgar envolve a percepção de um objeto, o "objeto-núcleo", uma imagem de movimento desse objeto, da qual se tem uma percepção de movimento a ser imitada, e outra que se forma posteriormente, a da disparidade entre a imagem da imitação previamente formada e a da percepção de movimento. Isso quer dizer que depois da formação dessas imagens há uma inervação das "próprias imagens de movimento, despertada pela discordância e com tanta intensidade que o movimento se consuma. Por isso, podemos falar de um *valor imitativo* de uma percepção" (Freud, 1895[1950]/2001c, p. 379, tradução nossa). Desse modo, a imitação motora, que por sua vez estaria na origem do processo de julgar, confirmaria a expressividade de uma linguagem motora inicial.

Teríamos, assim, uma linguagem motora rudimentar simbólica, uma linguagem que é uma ação própria decorrente da disparidade, uma vez que há uma busca na percepção pela identidade com a representação. Pode ser que essa representação seja a representação de uma percepção primeira, e nesse caso seria uma ação cuja finalidade é a busca de uma mesma imagem, da imagem já interiorizada e que se tornou uma imagem mnêmica. Essa busca não teria outro significado que aquele que se encerra em si mesmo, não representaria outra coisa que o desejo de reencontro de imagens idênticas.

O julgar ocorre dentro do processo secundário e está ligado à consciência, ao processo de pensar que se deve a uma inibição, e, consequentemente, à repressão. No entanto, com o ato de julgar tem-se uma suspensão do processo de pensar, justamente por desencadear uma ação motora e produzir uma ação, fato que leva também a uma suspensão da inibição imposta pelo processo secundário e a um maior influxo de energia para que a ação possa acontecer. Dessa forma, há uma retomada do modo primário de trabalho e, portanto, uma indiferenciação entre inconsciente e pré-consciente, mesmo que este último sistema seja ainda insipiente. Uma indiferenciação como essa entre os sistemas psíquicos inconsciente e pré-consciente nos remeteria justamente ao período em que as palavras são tomadas como coisas, quando não foi estabelecida uma ligação entre representações-objeto e representações-palavra, ou seja, o período vivenciado pela criança e que chamamos de simbólico. Vemos assim que, concomitantemente a uma primeira linguagem verbal simbólica (a qual nos deteremos mais adiante neste capítulo), edifica-se também uma "linguagem motora" simbólica que se *revela* através dos atos da criança, e que, apesar de serem ainda reflexos, mostram uma busca na percepção de algo que seja idêntico à representação de desejo, bem como a reprodução de movimentos próprios a partir da imitação. À medida que há um refinamento motor em termos neurológicos, o repertório motor reflexo herdado é progressivamente modulado e os atos motores se tornam pouco a pouco voluntários; a expressão pela imitação passa a ter uma finalidade que não o movimento em si, mas a de dar uma forma a algo exterior ao próprio corpo, ser capaz de modificar a realidade exterior. Nas palavras de Freud:

> *a descarga motora, que sob o império do princípio do prazer havia servido para escoar o aumento de estímulos no aparelho psíquico, por meio de inervações*

> *dirigidas ao interior do corpo (mímica, exteriorizações de afeto), recebeu agora uma nova função, utilizando-a para alterar a realidade com determinada finalidade. Transformou-se, portanto, em ação. (Freud, 1911/2004c, p. 226, tradução nossa)*

Se sob o império do *princípio do prazer* o ato motor era tomado como uma descarga e o alívio do aumento da quantidade de excitação para o aparelho psíquico era tomado como um movimento alucinatório, tem uma finalidade em si mesmo; já com o princípio de realidade o ato motor não é mais alucinatório, mas é uma ação com uma finalidade exterior ao próprio corpo, com a finalidade de modificar essa realidade. Mesmo que a finalidade também seja um rodeio e um aumento da quantidade de excitação para que se alcance uma identidade perceptiva, "cada movimento se torna ocasião para novas excitações sensíveis (de pele e músculos) que têm como resultado imagens de movimento" (Freud, 1895[1950]/2001c, p. 363, tradução nossa), e a consequência da instauração do princípio de realidade é que os "órgãos sensoriais tornam-se mais relevantes, bem como a consciência a eles acoplada, que por sua vez, além de reconhecer apenas qualidades de prazer e desprazer, aprendeu a capturar as qualidades sensoriais" (Freud, 1911/2004c, p. 225, tradução nossa). Podemos dizer aqui que aprender a capturar as qualidades sensoriais significa equiparar a percepção à realidade objetiva. Ou seja, a partir do *exame de realidade*[3] os órgãos sensoriais vinculados ao extrato cortical do ego, apesar de estarem voltados para o exterior, também informam a situação do próprio corpo, e, portanto, "podem tornar conscientes os processos internos, assim

3 A exploração periódica da realidade objetiva feita pelos órgãos sensoriais como uma função particular é chamada de atenção por Freud no texto mencionado ("Formulações sobre os dois princípios do funcionamento psíquico" [Freud, 1911/2004c]).

como o curso de representações e processos cognitivos" (Freud, 1938/2004e, p. 160, tradução nossa).

Observa-se que, com a instauração do princípio de realidade, o movimento passa a ser feito de maneira consciente e, portanto, deixa de ser simbólico. A imitação que antes se podia dizer reflexa, desencadeada pela própria imagem de movimento, passa a ser pouco a pouco motivada, como repetição de um movimento realizado ou observado, ou mesmo de um som ouvido. A respeito disso, Freud nos indica que a operação de julgar, além de propiciar o desencadeamento do movimento próprio e da linguagem motora, é condição para que associações que resultam na linguagem falada sejam produzidas.

O grito: a origem da linguagem simbólica verbal

"Em primeiro lugar se encontram objetos, percepções, que o fazem gritar" (Freud, 1895[1950]/2001c, p. 414, tradução nossa), e, a partir do grito desencadeado por algo que provoca dor, é formado um enlace entre o som produzido (que também incita imagens de movimento próprio) e a imagem percebida. Essa última se destaca como objeto hostil "e serve para guiar a atenção sobre a [imagem-] percepção" (Freud, 1895[1950]/2001c, p. 415, tradução nossa). Dessa maneira, toda vez que a criança se encontrar mediante um estímulo doloroso, o próprio gritar serve como uma notícia das características do objeto, de modo a formar uma associação que torna consciente as recordações de desprazer. "Foi criada assim uma primeira classe de recordações conscientes. Daí a inventar a linguagem não se tem muita distância" (Freud, 1895[1950]/2001c, p. 415, tradução nossa).

O grito incitado pela dor seria então a primeira associação relevante para formar uma representação do objeto hostil, ainda que uma representação formada indiretamente, por meio da representação sonora do próprio grito. O objeto em si promove percepções de dor, mas esse não é tão relevante quanto a notícia do próprio grito; em outras palavras, apenas a representação que se tem desse grito é capaz de uma associação para a qual é dirigida a atenção, e, portanto, para tornar essa representação consciente. É por uma via interna que se atribui o valor da representação externa, ou seja, por uma associação como esta que se tem a formação de uma linguagem verbal simbólica, isto é, que diz respeito somente a si mesma, que é ao mesmo tempo grito e objeto.

Antes de nos enredarmos na proposta de uma linguagem simbólica para a psicanálise freudiana, parece-nos relevante compará-la com o modo de abordagem do que seria a origem da linguagem para a filosofia do século XVIII, que de acordo com Kristeva,

> *a linguagem é concebida como uma diversidade de idiomas que têm base nas mesmas regras lógicas que constituem uma espécie de constante: a natureza humana. . . . No plano filosófico, essa concepção de linguagem contém teorias sobre a origem das línguas. A diversidade das línguas deve ser conduzida a uma origem comum, natural, onde se articulam os universais linguísticos. Para que exista uma relação entre essa linguagem natural, os objetos reais e a sensação, uma teoria do signo é fundada. (Kristeva, 1981, pp. 168-169, tradução nossa)*

No século XVIII, pensava-se numa linguagem comum a todos os homens; esta seria a *linguagem natural*. Uma linguagem capaz de abarcar toda diversidade de línguas, que nas palavras de Vico seria "uma linguagem inicialmente mental, de uma época que o homem não conhecia ainda o uso das palavras" (Vico, J-B, citado por Kristeva, 1981, p. 170, tradução nossa). Segundo esse autor, a linguagem natural deveria consistir em signos, gestos ou objetos que tivessem uma relação natural com as ideias. Era disseminada nesse século a ideia de que os signos são linguísticos e que o pensamento seria então uma articulação desses signos.

Condillac propôs uma teoria dos signos como princípio geral dessa língua comum, cujo modelo dessa primeira linguagem seria justamente o grito, e somente ele poderia conduzir naturalmente a uma linguagem de ação, que consistiria basicamente em contorções e agitações violentas (Condillac, 1746/1973a, p. 195). O grito serviria então de modelo para uma nova linguagem à medida que os homens passassem a ter o hábito de "ligar as ideias a signos arbitrários" (Condillac, 1746/1973a, p. 196, tradução nossa). A linguagem de ação seria, para Condillac, uma linguagem dos gestos que sinalizaria os sons pronunciados. Dessa maneira, os pensamentos normalmente apresentados por meio de ações "cujas imagens sensíveis encontravam-se muito mais disponíveis que os sons articulados" passariam a ser expressos por meio de sons acompanhados de gestos que, "pelos hábitos e pelos costumes", transformaria em "ornamento, aquilo que foi um dia necessidade" (Condillac, 1746/1973a, p. 196, tradução nossa). No entanto, os signos sonoros permaneceriam entrelaçados aos de movimentos, e estes últimos imprimiriam aos primeiros as variações da fala, como volume, inflexões, entonações etc., indicando que, apesar de a palavra suceder a linguagem de ação, ela conservaria traços de seu caráter primordial.

Segundo Condillac, a comunicação verbal se deve às necessidades impostas aos adultos e às crianças. Primordialmente, foi necessário que os adultos "adivinhassem o som emitido e repetido pela criança" (Condillac, 1746/1973a, p. 196, tradução nossa), um som passível de imitação, mas que não poderiam ter inventado, pois o órgão da fala não lhes era suficientemente flexível: "quando os homens começaram a articular os sons, a rudeza dos órgãos não lhes permitia fazer inflexões tão suaves quanto as nossas" (Condillac, 1746/1973a, p. 200, tradução nossa).

Ainda que Condillac se refira a uma linguagem primordial natural, podemos encontrar na sua teoria dos signos algumas convergências com a psicanálise freudiana, a saber, uma linguagem de ação que é uma decorrência natural do grito, ou seja, uma linguagem motora concomitante a uma linguagem verbal rudimentar baseada praticamente em imagens.[4] Teríamos ainda uma comunicação que não seria teleológica; pois a criança emite sons que os pais devem adivinhar, esses, no entanto, não teriam como finalidade uma comunicação que seria apenas uma decorrência dessa emissão de sons:

> *os homens começariam a exprimir a linguagem de ação assim que sentissem, e a exprimiriam sem ter o projeto de comunicar seus pensamentos. Eles não formariam o projeto de exprimi-la para se comunicar, a não ser quando percebessem que haviam sido compreendidos: mas, no princípio, eles não projetariam nada porque ainda não haviam percebido nada. (Condillac, 1780/1973b, p. 110)*

Poderíamos então aproximar a teoria freudiana da teoria dos signos de Condillac no que diz respeito à linguagem motora que no

---

4 Condillac considera como linguagem formas de expressão e de comunicação que não são verbais, como a dança ou a linguagem gestual. Cf. Condillac, *Essai sur l'origine des connaissances humain* (1746), primeira seção da segunda parte, e Kristeva, *Le langage cet inconnu*, p. 175.

início se encontra intrinsecamente ligada à linguagem verbal simbólica do grito, do balbucio, que se estende desde o nascimento até a fase sexual de eleição de objeto, baseada numa linguagem em que a comunicação também não é teleológica, ou seja, a comunicação é uma função secundária do funcionamento do aparelho psíquico. Não haveria finalidade no choro ou no grito; esses seriam como movimentos reflexos a expressar desprazer, mas que não dizem nada além de si mesmos. Caberia então ao auxiliador externo ou ao indivíduo prestativo entendê-los (*Verständingung*) como desprazer relativo a alguma coisa. E, desse modo, restaria ao auxiliador externo uma função secundária para a comunicação, que sinalizaria o término do desprazer, e ainda poderia ser a *fonte primordial* de todos os motivos morais (Freud, 1895[1950]/2001c, p. 363).

Se por um lado podemos encontrar aqui aproximação entre a filosofia do século XVIII e a psicanálise freudiana quanto aos aspectos descritos, por outro encontramos também uma divergência quanto ao estabelecimento da linguagem.

Tanto para Condillac como para Freud, a comunicação verbal seria uma decorrência de uma linguagem primeira, seja natural, seja individual, ela é descoberta pelo outro; os signos não se encontram estabelecidos desde a sua origem, eles devem ser traduzidos pelos outros para se tornarem signos comunicativos. Segundo Degérando, Condillac "pressentiu o que devíamos aos signos, e o que poderíamos nos tornar através deles" (Degérando, 1973, p. 332). Entretanto, para Condillac, a forma da linguagem natural seria a condição natural do organismo humano, a linguagem seria orgânica, ao contrário do que sugere a psicanálise freudiana.

Para Condillac, os elementos para a linguagem de ação seriam inatos, nasceriam com o homem, seriam órgãos dados pela natureza, de modo que seria possível a existência de uma linguagem inata, ainda que as ideias, que são, por sua vez, reflexões sobre as sensações obtidas, não o fossem:

> *Com efeito, seria preciso que os elementos de uma linguagem qualquer, preparados antecipadamente, precedessem nossas ideias, porque sem signos de qualquer espécie nos seria impossível analisar nossos pensamentos. . . . Mas o caráter da ação não é analisar. Como ela representa os sentimentos, porque é efeito deles, representa ao mesmo tempo todos aqueles que experimentamos no próprio instante, e ideias simultâneas em nosso pensamento são naturalmente simultâneas nessa linguagem. (Condillac, 1780/1973b, p. 110)*

A linguagem de ação seria então nossa linguagem primeira, inata, que garantiria elementos ao pensamento. A partir de ações próprias, bem como de ações dos outros, seriam formadas representações de impressões deixadas por essas que são formadoras dos signos que compõem as ideias. Tais ideias, por sua vez, não seriam outra coisa que a reflexão sobre aquilo que sentimos.

Como afirmou o próprio Condillac, a ação representaria os próprios sentimentos, de modo que as ideias seriam formadas a partir da reflexão sobre aquilo que sentimos e, portanto, sobre como agimos. Disto teríamos uma linguagem de ação natural e inata, capaz de fornecer signos ao pensamento e "nos servirmos de palavras antes de determinar seu significado e termos sentido a necessidade de determiná-lo" (Condillac, 1780/1973b, p. 110).

A afirmação de que essa linguagem representaria ao mesmo tempo todos aqueles sentimentos que experimentamos em um único instante e que as ideias, simultâneas em nosso pensamento, são também naturalmente simultâneas à linguagem nos leva a inferir que o pensamento formado a partir da linguagem de ação é formado à medida que esta ocorre, ou seja, que existe uma simultaneidade entre pensamento e linguagem. Mas essa simultaneidade ocorre apenas para essa linguagem, uma vez que naturalmente se aprenderia a decompor a ação. Inicialmente aprenderíamos a decompor a ação dos outros: aquilo que mais impressiona no movimento e pode ser capturado de uma única vez. Mas com a repetição passa a haver uma gradação dos movimentos desde os mais relevantes até os menos impressionantes. E, de acordo com Condillac, "cedo ou tarde, passa-se a melhor compreender os outros à medida que suas ações são decompostas e, consequentemente, torna-se possível notar que há a necessidade de se comunicar, de decompor a própria ação" (Condillac, 1780/1973b, p. 105).

Condillac chamou essa decomposição de método analítico, processo pelo qual a linguagem de ação seria decomposta numa sucessão de movimentos de maneira regrada, porém não arbitrária. Os movimentos que se sucedessem obedeceriam às necessidades e às circunstâncias, portanto, seria natural que fossem decompostos conforme essas necessidades e circunstâncias.

"Decompõe-se para recompor" (Condillac, 1780/1973b, p. 71), ou seja, para que no pensamento fosse formulado um quadro global das ideias, seria necessário que estas fossem desmembradas em signos, de modo que todos eles estivessem presentes para que se formassem novas ideias. A partir de uma linguagem denominada inata, que não é aprendida, "porque seria ela o efeito natural e imediato de toda a nossa conformação" (Condillac, 1780/1973b, p. 106), ter-se-ia uma evidência do que nela estaria contido, não como um método de análise, que não existe desde o início, mas como surgimento natural, conforme as necessidades, que passasse a configurar o pensamento e as ideias de maneira simultânea. Vemos assim que a decomposição, ao partir da simultaneidade entre a linguagem e as ideias, nos fornece signos que não são arbitrários, mas se referem entre si de maneira analógica. Nas palavras de Condillac, "assim seria a analogia o artifício das línguas: elas se tornam fáceis, claras e precisas, à medida que a analogia se mostrar de uma maneira mais nítida" (Condillac, 1780/1973b, p. 106).

Embora não se possa falar de uma linguagem inata na teoria freudiana, talvez possamos aqui estabelecer uma comparação entre o que seria o desenvolvimento da linguagem motora simbólica para uma linguagem discursiva verbal e o desenrolar da linguagem de ação em pensamentos proposto por Condillac.

Como vimos em Condillac, há uma naturalidade, ainda que dependente das necessidades, para que a linguagem de ação se transforme em ideias e a linguagem se torne um método analítico, para que, por fim, se encontre capacitada para formar signos que se referem à própria linguagem. Se pensarmos no processo de julgar como uma primeira linguagem motora, também teremos a formação de signos ou, mais precisamente, de representações de ações movidas pela busca de representações de desejo. Ainda que para a psicanálise a linguagem motora ou de ação não se desdobre em um método analítico de decomposição da própria ação para que uma linguagem verbal analógica se forme, podemos encontrar um mesmo desdobramento nessas duas teorias: a linguagem motora simbólica passa a ser analógica. Há uma transformação de uma linguagem que se encerra em si mesma numa linguagem que se refere a algo fora dela, isto é, que significa algo outro que ela própria.

Na teoria freudiana, apesar de exprimirmos uma linguagem inicial a partir das necessidades, ela não é regulada por estas últimas, como refere Condillac. Podemos dizer que tanto o processo de aquisição da linguagem como o da transformação de uma linguagem em outra dependem do desenvolvimento sexual e psíquico da criança e dos princípios (de prazer e de realidade) aos quais o desenvolvimento obedece. Não encontramos uma faculdade natural que regula a linguagem de ação e possibilita o "método analítico"; para a psicanálise freudiana, existem possibilidades abertas intrínsecas e extrínsecas à criança, durante as fases do desenvolvimento psíquico sexual, que propiciam o surgimento da linguagem motora ou verbal, que, ainda assim, pode não ocorrer. Se há algum tipo de regulação da linguagem, ela é feita indiretamente, pelos outros, pois, como dissemos antes, é "da imitação que aflora a raiz do julgar" (Freud, 1895 [1950]/2001c, p. 415, tradução nossa). A criança, ao imitar movimentos ou sons alheios, acaba por produzir sons ou movimentos próprios diferentes daqueles que foram imitados, que por sua vez servem de parâmetro para as futuras repetições. Busca-se então, ao repetir palavras ou movimentos, a forma mais semelhante à formulada pelos adultos, o que leva a criança a "aprender a linguagem dos outros" (Freud, 1895[1950]/2001c, p. 415, tradução nossa).

Tendo em vista que o método psicanalítico envolve justamente a análise do discurso verbal, poderíamos considerar algum grau de análise intrínseco à própria teoria, contudo, como diz Freud, "a psicanálise não poderia emergir como um sistema filosófico com um edifício doutrinal completo e acabado, mas abre caminho, passo a passo, para a intelecção das complicações da alma" (Freud, 1923/2003p, p. 37, tradução nossa).

A linguagem verbal: da expressão simbólica à analógica

Se vimos que uma linguagem motora simbólica emerge a partir do ato de julgar no início da vida, podemos observar também que a criança se serve, concomitantemente a essa linguagem motora, de uma linguagem verbal simbólica. A linguagem à qual nos referimos é representada pelo grito, pelo balbucio, e esta, por sua vez, também só diz respeito a si própria, não significa nada que seja extrínseco à própria linguagem. A linguagem verbal simbólica ocuparia o período autoerótico do desenvolvimento psíquico sexual, no qual o objeto da pulsão encontra-se oculto em órgãos que são sua própria fonte até a primeira fase da eleição de objeto, ou a fase que precede o período de latência, que, apesar de ainda não possuir uma meta sexual definida, já anuncia uma segunda e definitiva fase da maturidade sexual centrada nas relações objetais.

> *Da história do desenvolvimento da libido de objeto, teríamos que recordar que muitas pulsões sexuais se satisfazem inicialmente no próprio corpo e que esta capacidade para o autoerotismo é a base que permite um atraso da sexualidade no processo de educar-se no princípio de realidade. (Freud, 1917/2005f, pp. 378-379, tradução nossa)*

O trecho anterior nos indica que a fase que antecede a eleição de objeto é caracterizada pelo autoerotismo, o que faz com que haja um atraso quanto à submissão ao princípio de realidade pelas pulsões sexuais. Dissemos que a libido se encontra espalhada por todo o corpo, e esse processo ocorre de modo prolongado enquanto se encontra submetido quase exclusivamente ao princípio do prazer. Há uma demora na submissão das pulsões sexuais à realidade, que, segundo Freud, só ocorre verdadeiramente com o pleno desprendimento dos progenitores (Freud, 1911/2004c, p. 225, tradução nossa).

O período autoerótico também pode ser descrito nos termos do narcisismo primário, ou, ainda, como uma fase que antecede a consolidação do ego, pois, como nos diz Freud, "não existe desde o começo uma unidade comparável ao ego; o ego tem de ser desenvolvido em meio às pulsões autoeróticas primordiais, portanto, algo tem de ser agregado ao autoerotismo, deve haver uma nova ação psíquica para que o narcisismo (secundário) se constitua" (Freud, 1914/2003n, p. 75, tradução nossa).

Uma unidade egoica inicial não existe, porque pressupõe o estabelecimento de "relações de objeto" que se estabelecem a partir da eleição de um objeto, ou seja, a partir do momento em que a libido, como forma de pulsão sexual, se unifica e pode então ser destinada tanto a um objeto alheio quanto ao próprio ego de maneira narcísica, o que viria a configurar uma nova ação psíquica. Como explica Monzani: "o ego, enquanto fruto de uma diferenciação a partir de um solo original, surge como unidade frente à diversidade do pulsional, que até então funcionou de maneira anárquica e dispersa – ele aparece assim tal como um objeto exterior, passível de ser objeto da sexualidade" (Monzani, 1989, p. 245).

O narcisismo primário, ou período do autoerotismo, é caracterizado pela indiferenciação entre instâncias psíquicas e por uma ausência de "relações de objeto", isto é, não há uma unidade do sujeito, bem como não é possível distinguir sujeito de objeto, o que concorre para uma autossuficiência na obtenção de prazer. As pulsões sexuais que emanam dos órgãos ou das zonas erógenas e que se encontram disseminadas pela superfície corpórea são designadas "parciais", por não se encontrarem unificadas e por exigirem satisfação imediata, são autoeróticas e, portanto, carecem de objeto (Freud, 1905/2003f, p. 213).

A criança descobre sua primeira fonte de prazer ou de satisfação sexual de um objeto que não fora eleito por ela. Temos como exemplo o seio materno, que não é eleito pela criança e, consequentemente, não permite estabelecer uma relação de objeto como acontece durante o primado genital. Na relação originária, "a primeiríssima satisfação sexual que se encontrava conectada à nutrição tinha um objeto externo ao próprio corpo: o seio materno" (Freud, 1905/2003f, p. 202, tradução nossa), que, no entanto, é posteriormente perdido à medida que a criança não forma uma representação global da pessoa que carrega o órgão de prazer. Desse modo, a pulsão sexual se volta para o próprio corpo de maneira autoerótica.

No início, como há apenas a distinção entre o que é satisfatório e o que não é, incorpora-se aquilo que é satisfatório e elimina-se tudo o que possa gerar não satisfação. No *ego*, tudo que é bom faz parte do sujeito, e tudo que não é bom é dele afastado. Como explica Freud, "o *ego-de-prazer* originário quer introjetar em si o bom e pôr fora todo o mau. O mau é aquilo que é estranho ao ego e que se encontra fora dele" (Carone, 1983, p. 130).

Podemos dizer ainda que, durante o autoerotismo ou durante o narcisismo primário, existe apenas um ego-de-prazer que ingere tudo o que considera ser bom e elimina o que descobre como ruim. Uma primeira diferenciação entre *ego* e *não ego* é assim instituída a partir de um ego que é prazeroso, ou ego-de-prazer, que se esforça para expelir tudo o que não é bom para fora de si mesmo. A partir disso, institui-se também uma primeira forma de oposição entre sujeito e objeto, entre mundo interior e mundo exterior, oposição que diferencia, portanto, o sujeito do mundo exterior, tomado como objeto, e, só depois do *ingresso do objeto* é que a eliminação do que é ruim se transforma em ódio (Carone, 1983, p. 130).

Parte da libido pertencente ao ego se desprende e pode ser investida no objeto. A partir deste momento, o objeto investido pode ser escolhido pelo que de satisfatório proporcionou à criança, um tipo de satisfação predominantemente sexual em função do cuidado que é destinado às zonas erógenas e do amor destinado a ela pelo *indivíduo prestativo*. Nas palavras de Freud: "Quando se ensina o menino a amar, não se faz outra coisa que cumprir uma incumbência, de que ele deve se converter em um homem íntegro, dotado de uma enérgica necessidade sexual e consolidar na sua vida tudo aquilo para o qual a pulsão move os seres humanos" (Freud, 1905/2003f, p. 204, tradução nossa).

Na puberdade, após o período de latência (que se inicia posteriormente aos cinco anos), tem-se uma escolha objetal renovada, baseada nos indícios infantis. Essa escolha é direcionada aos pais e aos encarregados dos cuidados da criança (*indivíduos prestativos*), mas é impedida pela barreira do incesto desde então erigida (a ser explicitada mais adiante).

Ao nos referirmos a uma unidade egoica que se consolida apenas a partir do estabelecimento das relações de objeto, estamos indicando também a instância psíquica que é formada a partir de uma nova ação psíquica, a da unificação das pulsões. "Um indivíduo (*Individuum*) é para nós um *id* psíquico não conhecido (não discernido) e inconsciente, sobre o qual, como uma superfície se assenta o ego, é desenvolvido desde o sistema percepção como se fosse seu núcleo" (Freud, 1923/2003p, pp. 25-26).

Um aparelho psíquico que funciona exclusivamente de acordo com o processo primário, ou seja, de acordo com as regras do inconsciente, é uma ficção, mas, se para Freud um *Individuum* é um id psíquico desconhecido, o indivíduo tem como essência de seu psiquismo aquilo que é inconsciente e desconhecido. Contudo, sabemos que o ego é uma instância conciliadora, justamente por se estender desde fora, desde o sistema percepção-consciência (P-Cs), que está associado à consciência, até o id, que é exclusivamente inconsciente. O ego é, portanto, a instância que, na segunda tópica, soluciona o problema da possível existência de mais de uma consciência para um único indivíduo. Segundo Monzani, "o ego é o principal agente a pôr em ação os mecanismos de defesa e, desde então (1914), Freud está consciente de que extensas partes do ego são inconscientes" (Monzani, 2005, p. 148).

Dessa maneira, podemos observar o ego como uma instância psíquica complexa, que por um lado abrange a consciência, a percepção e aquilo que seria da responsabilidade do sistema pré-consciente, isto é, o acesso à motilidade, o vínculo com representações-palavra e a repressão; por outro, o que foi reprimido se comunica com ele por meio do id, que por sua vez é exclusivamente inconsciente, ainda que nem tudo o que nele se encontre e possa ter comunicação com o ego tenha sido um dia reprimido. De acordo com Freud:

> *é fácil compreender que o ego é a parte do id que foi transformada pela influência direta do mundo exterior com mediação da percepção-consciência (P-Cs), é, por assim dizer, uma continuação dessas superfícies modificadas. Ademais se empenha em fazer valer sobre o id o influxo do mundo exterior, assim como seus próprios propósitos, se precipita em reempregar o princípio do prazer, que rege irrestritamente no id, pelo princípio de realidade. (Freud, 1923/2003p, p. 25, tradução nossa)*

Tais características do ego fazem com que essa instância tenha acesso aos traços mnêmicos provenientes de percepções sensoriais, especialmente os restos de palavra que tiveram origem em percepções acústicas, sem descartar os traços mnêmicos de origem visual, pois Freud atribui às imagens e ao modo de pensá-las uma maior proximidade com a inconsciência do que com a consciência:

> *o pensar em imagens é um tornar-consciente, ainda que muito imperfeito . . . está, de algum modo, mais próximo dos processos inconscientes do que o pensar em palavras, e sem dúvida alguma é mais antigo que*

> *esse último, tanto ontogeneticamente quanto filogeneticamente. (Freud, 1923/2003p, p. 23, tradução nossa)*

O ego é, portanto, capaz de transformar as sensações internas em sensações perceptíveis pela consciência, os sentimentos devem ser transformados em percepções exteriores por meio de traços mnêmicos, pela ligação com restos da palavra ouvida, isto é, por meio de representações-palavra.

A partir daqui podemos compreender melhor o papel da unidade composta pelo ego no que diz respeito à aquisição de uma linguagem que deixa de ser simbólica. Até agora vimos que desde o início a criança expressa algum tipo de linguagem, seja ela motora, seja ela verbal, ambas simbólicas e, por isso mesmo, revelam uma linguagem que se encerra em si mesma e não significa algo fora dela, por isso, estaria relacionada ao autoerotismo, ou seja, período em que observamos a possibilidade de obter prazer a partir do próprio corpo sem a necessidade de um objeto exterior a ele. Durante esse período, não há unidade no que diz respeito ao ego, nem uma diferenciação entre as outras instâncias, e, portanto, há praticamente uma ausência da barreira de defesa entre aquilo que é consciente e inconsciente. Mesmo que esta última seja apenas incipiente, pela emergência da repressão primordial, a repressão propriamente dita surge de maneira progressiva, e com ela ocorre a separação entre o afeto e sua representação, de modo que representações conscientes sejam distintas das inconscientes. Como explica Assoun, "o processo psicológico de tornar consciente é correlacionado à revivescência de concomitantes verbais da representação-coisa" (Assoun, 1993, p. 85).

Para isso, é necessário que o ego já consolidado seja capaz de traduzir os sentimentos inconscientes provenientes do id em representações conscientes, isto é, associá-los a representações-palavra.

Mas não seria esse processo também o de nomeação de um sentimento ou a nomeação da representação de algo? E para isso não deveríamos já apresentar a capacidade de deslocar o prazer extraído do próprio corpo para um objeto exterior a ele que tenha sido eleito como objeto de prazer exterior a si mesmo?

Temos assim que a aquisição de uma linguagem verbal não simbólica nos termos do desenvolvimento psíquico sexual freudiano envolve aquilo a que podemos nos referir como nomeação, assim como o que chamamos de significação. A partir da ligação de uma representação-palavra com uma representação-coisa, seja ela interior ou exterior ao próprio corpo, ocorre que um nome é dado a uma determinada coisa, ou seja, há uma nomeação. No entanto, quando se faz o caminho inverso, quando a representação-palavra ganha um sentido, dizemos assim que houve uma significação, que à palavra foi atribuído um significado. Na concepção freudiana, a principal diferença a ser ressaltada entre esses processos talvez seja que, ao atribuir um determinado significado a uma palavra, haja um movimento interior no sentido da percepção, um processo regressivo que promove uma verdadeira ativação alucinatória das representações-palavra. Por esse processo de ativação, representações inconscientes se tornam conscientes pela associação com as palavras. O nome pode ser assim particularizado, especificado por determinada coisa.

Já no processo de nomeação, ou seja, quando se tem o sentido inverso da significação, há uma universalização de algo, a generalização pelo nome de alguma coisa em particular. Isto é, não haveria um movimento regressivo desde o interior até a percepção, mas, ao nomear algo, poderíamos dizer que as ligações seriam feitas entre representações-palavra conscientes e representações mnêmicas de objetos num estado pré-consciente; não estariam, portanto, em outro plano que o da consciência.

Independentemente de qual processo está envolvido durante a aquisição da linguagem, de nomeação ou de significação, representações-coisa são ligadas às representações-palavra, o que garante à linguagem motora ou verbal um novo valor que é externo à própria linguagem, em que a palavra passa a designar uma coisa e não mais ela própria.

Ao retomarmos à unidade do ego como determinante para a aquisição da linguagem verbal não simbólica, ressaltamos os processos de identificação com o objeto e de introjeção desse objeto, ou, ainda, partes desse objeto que são responsáveis na constituição dessa unidade.

Durante a fase oral, não há uma distinção entre identificação e investimento de objeto, uma vez que o ego-de-prazer incorpora tudo o que é aprazível e recusa nele o que é desprazível. Mas, com isso, o ego-de-prazer já demonstra as primeiras resistências que seriam uma primeira forma de repressão. À medida que o ego renuncia aos objetos, ele passa a expressar a história dessas eleições de objeto ou, como diz Freud, "o caráter do ego é uma sedimentação dos investimentos de objeto que foram abandonados" (Freud, 1923/2003p, p. 31, tradução nossa). E mais adiante, nesse mesmo texto, Freud assinala que "os efeitos das primeiras identificações, as produzidas na idade mais prematura serão universais e duradouros. . . . A identificação primeira e de maior valor para o indivíduo é a identificação com o pai da pré-história pessoal" (Freud, 1923/2003p, p. 33, tradução nossa).

Essas primeiras identificações são de suma importância porque serão elas as responsáveis pela formação do *ideal de ego*, que corresponde à identificação com o "pai primordial" de cada indivíduo. Uma identificação tão precoce, que não é mediada pela eleição de objeto, é tomada como uma *identificação primária* que ocorre a partir dos investimentos provenientes do id. Esses investimentos têm como primeiro objeto o seio materno, que não fora eleito, como já vimos, mas que se transforma numa espécie de protótipo da eleição de objeto, numa "regra" de identificação e do modo de eleição de objeto.

A formação de um ideal de ego quando incorporado ao aparelho psíquico é, por sua vez, destacado como instância psíquica, o *superego*, que enfrenta o conteúdo do ego na condição de um ideal deste último. Assim, o superego é o resultado da unificação das identificações que estabelecemos com os pais, "é o resultado mais universal da fase sexual governada pelo complexo de Édipo" (Freud, 1923/2003p, p. 35, tradução nossa). Segundo Freud, "a autoridade é introjetada no ego e forma o núcleo do superego, toma emprestado do pai sua severidade e perpetua a proibição do incesto, assegurando assim que o ego possa agir contra o retorno dos investimentos libidinosos de objeto" (Freud, 1924/2003o, p. 184, tradução nossa).

Dessa maneira, a instância ideal de ego não representa apenas aquilo que é ideal, mas também aquilo que é interditado ao ego, pois a sua própria conformação pela identificação envolve o empenho na repressão do complexo de Édipo, de modo que a repressão seja também uma condição para a formação do ideal de ego (Freud, 1914/2003n, p. 90). Ou, ainda, "ao discernir nos progenitores, em particular no pai, o obstáculo para a realização dos desejos do Édipo, o ego infantil se fortaleceu para essa operação repressiva erigindo dentro de si esse mesmo obstáculo" (Freud, 1923/2003p, p. 36, tradução nossa).

À medida que o superego se forma, o ego se apodera do complexo de Édipo ao mesmo tempo que se submete ao id, e o superego acaba por retirar suas forças diretamente desta última instância. Desse modo, tem-se que o id pode influenciar o ego de duas maneiras: age diretamente por via das pulsões ou indiretamente por meio do superego. O ego, enquanto instância mediadora, é "enriquecido pelas experiências da vida", do mundo exterior, bem como retira a libido do id, "transformando as eleições de objeto do id em conformações do ego" (Freud, 1923/2003p, p. 56, tradução nossa). Ao realizar essa mediação entre o mundo exterior e o id, o ego tenta impor a realidade exterior sobre o primeiro e, "através de suas próprias ações musculares, também tenta fazer com que o mundo faça justiça aos desejos do id" (Freud, 1923/2003p, p. 56, tradução nossa).

Uma unidade do ego se faz necessária no que diz respeito à linguagem, tanto pela possibilidade de investimento nos objetos, e, consequentemente, de investimento nas outras instâncias e em si próprio como objeto; como pela repressão que é erigida pela formação de um ideal, responsável por uma diferenciação efetiva entre o que é consciente e o que é inconsciente. Essa nova linguagem, que não é mais simbólica, envolve assim uma referência analógica à linguagem utilizada pela criança, à linguagem dos outros, dos adultos. A partir da imitação dos adultos, que por sua vez falam, andam, cantam, sorriem, choram, se movimentam, mas, sobretudo, falam com a criança, ela cria uma linguagem própria, que diz respeito às coisas e não mais à própria linguagem, assim como os movimentos, que antes eram simbólicos, também passam a ter uma função exterior ao próprio movimento, transformam-se em uma ação voluntária que quer modificar a realidade, mesmo que seja como uma forma de realização dos desejos do id.

4. As culturas e o simbólico

A pré-história da cultura ou o simbólico da cultura

> *A evolução dos hominídeos até o Homo sapiens sapiens poderia, com efeito, parecer uma evolução biológica que levaria em conta o progresso técnico, o desenvolvimento das faculdades intelectuais e a organização social. Mas podemos compreender a relação de causalidade no sentido inverso. (Gibeault & Uhl, 1998, p. 14)*

A aparição dos primeiros hominídeos, os *Australopithecus*, se dá por volta de três milhões de anos atrás, o que coincidiu com o período da aquisição da bipedestação. Do ponto de vista da psicanálise, Freud se refere à bipedestação como responsável pela instauração da *repressão orgânica*, ou do momento em que o homem, ao adotar a postura vertical, tornaria visíveis os órgãos genitais, que até então encontravam-se encobertos, por uma postura predominantemente horizontal e, desse modo, passaria a ter vergonha de expô-los. Esse processo estaria intimamente ligado ao deslocamento da atenção antes voltada para as sensações olfativas, devido à periodicidade do ciclo menstrual, para as sensações visuais. A principal consequência da adoção da bipedestação seria justamente o "início fatal do processo de cultura . . . do ser humano" (Freud, 1930/2004d, p. 97, tradução nossa).

A hipótese da repressão orgânica, como nos diz Freud, é uma especulação teórica, mas supondo que a hipótese tenha sido um fato, o processo de repressão teria se instaurado há mais ou menos três milhões de anos. "O tabu da menstruação" seria uma consequência dessa repressão "como defesa frente a uma fase já superada do desenvolvimento" (Freud, 1930/2004d, p. 97, tradução nossa). Haveria a partir da posição ereta uma constante estimulação sexual e, a partir da constante necessidade de satisfação sexual, fundar-se-ia uma família primitiva ou, como Freud denomina em *Totem e tabu*, de 1913, a *horda primitiva*. Isso porque deixaria de haver um comportamento de "hóspede", cíclico, para ser substituído por um comportamento de permanência, de conservação dos objetos sexuais junto a si, que por sua vez conduziria à formação da família primitiva na qual já encontraríamos "um traço essencial da cultura" (Freud, 1930/2004d, p. 97, tradução nossa). Para Freud, o traço essencial dessa família, ou, como chamou anteriormente, horda primitiva, reside na organização patriarcal. Isto é, apesar de a organização contar com membros que possuem direitos iguais entre eles, encontram-se submetidos às restrições do chefe ou do pai, que, por sua vez, possui poderes ilimitados. Isso causa, em determinado momento, uma união fraterna e a revolta dos irmãos contra a submissão a esses poderes ilimitados, de modo que "ao vencer o pai, os filhos experimentaram uma união mais forte que o indivíduo" (Freud, 1930/2004d, p. 98, tradução nossa). Essa união indicaria a base dos modos de organização social ditas clânica, totemista ou simplesmente tribal, a serem esclarecidas mais adiante.

Ainda que a psicanálise chame nossa atenção para a adoção da bipedestação como condição para a formação da horda primitiva e dos alicerces da cultura, a antropologia nos indica outra consequência como decorrente da adoção da postura bípede, a saber, a liberação das mãos. Essas últimas não se encontrariam mais a serviço da postura, da locomoção como membros de apoio ou como utensílio, assim como eram utilizadas pelos *primatas*, mas seriam livres a serviço do manuseio, tornando-se assim um verdadeiro "motor" (Leroi-Gourhan, 1964-1965, p. 38).

O que se observa desde os primatas é que não há uma grande evolução com relação ao movimento das mãos, por exemplo, as operações de preensão manual (dígito-palmar e interdigital) são de mesma natureza, e se desenvolveram de maneira pouco variada, isto é, foram elaboradas conforme a finalidade ou a necessidade de execução do movimento. Isto quer dizer que não houve uma grande elaboração da anatomia e da mecânica do manuseio nem uma mudança significativa do movimento de preensão com relação ao sistema musculoesquelético das extremidades superiores após a liberação das mãos pela postura bípede. No entanto, a adoção da postura bípede desde os *Australopithecus* possibilitou uma relação entre as mãos que independia das ações ligadas à face, isto é, o consumo de alimentos e as operações técnicas que envolviam os dentes e a preensão labiodental. As mãos livres, que poderiam então interagir entre si, passaram a estabelecer uma relação dual para realizar de maneira dinâmica o que antes era feito de modo triangular e estático pela participação da face: "uma vez adquirida a posição vertical, a mão tornou-se também órgão de relação, ainda que as operações na posição sentada tenham permanecido ligadas à simultaneidade de ação entre as mãos e a face" (Leroi-Gourhan,

1964-1965, p. 39, tradução nossa). Uma vez que as mãos se encontram livres para o manuseio, ao elaborar instrumentos e utensílios que não são apenas uma extensão das extremidades dos membros superiores, tornou-se possível a criação de utensílios independentes dos membros superiores, utensílios que teriam uma finalidade exterior ao próprio corpo.

Do mesmo modo que as mãos tornaram-se livres e aptas para o manuseio e para a confecção de utensílios, também a face tornou-se livre da função de auxiliar da preensão manual, e a preensão labiodental passou a servir como elaboração de uma linguagem verbal: "a bipedestação abriu possibilidades [para os primeiros hominídeos] frente ao mundo e frente a eles mesmos: os utensílios estavam para as mãos assim como a linguagem estava para a face" (Gibeault & Uhl, 1998, p. 18, tradução nossa).

Desde a liberação das mãos, tem-se uma nova perspectiva com relação ao mundo, ao homem passa a existir a possibilidade de modificação para se tornar o *Homo habilis*, que por sua vez é capaz de fabricar utensílios a partir de outros utensílios, e seria desse modo que "poderíamos compreender a relação num sentido inverso" (Gibeault & Uhl, 1998, p. 14, tradução nossa), isto é, uma evolução biológica que parte de uma evolução técnica, social e cultural, não o contrário. No entanto, podemos pensar ainda numa outra implicação da confecção de utensílios e da liberação da face para a linguagem verbal: que ambas seriam formas de expressão e de linguagem e não apenas o que chamamos anteriormente de linguagem verbal. A criação de utensílios por meio de outros utensílios também seria uma expressão de uma forma plástica, uma expressão particular desse período. E de acordo com um viés psicanalítico, poderíamos nos perguntar se essas diferentes formas de expressão não seriam o resultado da exteriorização de processos internos, ou, em outras palavras, o resultado de um mecanismo de projeção.

Apesar de o mecanismo de projeção ser tradicionalmente tomado como um mecanismo de defesa do aparelho psíquico, seja na paranoia, seja na neurose, em *Para além do princípio do prazer* (1920), Freud se refere à projeção como um processo que é o resultado de uma tentativa de equilibrar quantidades internas de energia tornando o que é interior em exterior. O mecanismo de projeção obedeceria ao princípio do prazer ou, em outras palavras, a uma tendência à descarga de energia até um nível mínimo, compatível com o organismo vivo.

Vimos que o modelo do aparelho psíquico freudiano é baseado no arco-reflexo simples, ou seja, um aparelho constituído por um polo sensorial por onde incidem os estímulos e um polo motor de descarga da excitação. Pelo mecanismo de projeção também haveria uma descarga da excitação, de modo que aquilo que é interno é remetido ao exterior e é atribuído ao próprio exterior.

Em *Totem e tabu* (1913), dentre os preceitos tabu encontramos o tabu dos mortos. As almas dos mortos recentes são muitas vezes tratadas como demônios dos quais os primitivos devem se defender.[1] Isso ocorre, do ponto de vista da psicanálise, porque a morte de um ente querido é sentida de maneira ambivalente, pois conjuga moções ternas e hostis. A hostilidade que no indivíduo neurótico apareceria como uma reprovação obsessiva, isto é, como uma satisfação inconsciente frente a morte de um ente querido, entre os primitivos é assumida como se fosse algo relacionado ao próprio morto, como se a hostilidade fosse uma propriedade do objeto hostilizado. "O supersticioso nega (*leugnen*) que tenha alguma vez

1 Freud usa em diversos textos de sua obra o termo primitivo para designar tanto o homem pré-histórico como aquele pertencente às tribos de aborígines da Melanésia, Polinésia, África ou das Américas. Apesar do sentido pejorativo que pode ser atribuído a essa palavra, utilizamos aqui primitivo em sua acepção de existente nos primeiros tempos da Terra ou contemporâneo ao surgimento de uma civilização: inicial, primevo, original.

destinado moções hostis ao amado morto; mas a alma do defunto agora pode acolhê-las e se empenhará para suportá-las durante todo o tempo de duração do luto" (Freud, 1913/2003q, p. 67, tradução nossa). Os demônios das almas dos defuntos não seriam outra coisa que a própria projeção de sentimentos hostis destinados ao morto. Tem-se assim um mecanismo de defesa, normal ou patológico, que diz respeito ao indivíduo, mas que numa sociedade primitiva é deslocado para a cultura e é socialmente aceito, ou seja, ele não aparece necessariamente como um mecanismo de defesa, mas como um simples fato da cultura do homem primitivo. Como diz Freud, a "projeção de percepções internas sobrevém onde não há nenhum conflito . . . as percepções internas, assim como os processos de sentimentos e pensamentos, são projetadas para fora e tomadas como se fossem percepções sensoriais, e então empregadas para formar o mundo exterior" (Freud, 1913/2003q, pp. 69-70, tradução nossa). Ou seja, na medida em que se projeta algo interno para fora, isso passa a ser percebido como se fosse proveniente de fora e atingisse o sistema sensorial desde o exterior, modo que o aparelho psíquico, por meio do sistema percepção-consciência, distingue outras qualidades além das de prazer e desprazer.

Ao retomarmos o fato de que os utensílios passaram a ser fabricados logo após a adoção da postura bípede, com o *Homo habilis*, por volta de 2,5 milhões de anos atrás, podemos dizer que a elaboração de tais utensílios supõe a capacidade de prever uma forma final ou uma função e também a transmissão da técnica de fabricação. Desse modo, aquilo que antes era intrínseco ao próprio corpo, isto é, uma extensão das extremidades superiores, destacou-se e tornou-se exterior (Burenhult, citado por Gibeault & Uhl, 1998, p. 18.); esses utensílios seriam a própria materialização de uma forma exterior.

> *Com a formação de uma linguagem cogitativa, abstrata, pelo enlace de restos sensoriais de representações-palavra com os processos internos, esses últimos por sua vez se tornaram pouco a pouco suscetíveis de percepção. Até então, os homens primitivos, mediante a projeção para fora de percepções interiores, haviam desenvolvido uma imagem do mundo exterior que nós hoje em dia, com uma percepção-consciência fortalecida, temos que retraduzir para a psicologia. (Burenhult, citado por Gibeault & Uhl, p. 18, tradução nossa)*

Se por um lado entendemos a confecção de utensílios como resultado plástico da projeção, por outro, tem-se que a formação de uma linguagem a partir da associação entre restos de *representações-palavra* e processos internos no homem primitivo também resulta de um mecanismo de projeção dos próprios processos internos. A expressão verbal participa da configuração do mundo exterior não como matéria plástica, mas como uma onda mecânica que, ao ser emitida, faz parte do mundo exterior capaz de estimular o sistema perceptivo, como algo que parecia já existir desde fora.

O mecanismo de projeção propiciaria, assim, a possibilidade de representação do mundo a partir de uma representação interna e de combinações de representações, seja ao confeccionar os utensílios, seja ao se expressar verbalmente. A representação do mundo exterior já seria ela mesma uma diferenciação entre o exterior e o interior do indivíduo, do mesmo modo que a criança mergulhada na cultura aprende a diferenciar-se daquilo que é exterior, não pertencente a ela, e, por conseguinte, passível de exclusão e ódio. Da mesma maneira, aquilo que ama é a ela incorporado.

O aparelho psíquico, por não diferenciar se um estímulo que atinge o sistema percepção-consciência é proveniente do interior ou do exterior, trata todos os estímulos como provenientes do exterior. Isso porque, quando um estímulo interno atinge esse sistema, por uma via regressiva, promove uma nova percepção e não apenas uma recordação, o que significa dizer que há uma falha de reconhecimento, uma percepção alucinatória e, portanto, um processo patológico. Mas, no início da vida de um indivíduo, passada a satisfação primeira, a satisfação de um desejo ocorre de maneira alucinatória. Como vimos, através do próprio corpo, a satisfação ocorre de maneira autoerótica sem a presença de objetos externos. Segundo Freud, "estabelece-se uma situação satisfatória mediante excitações centrífugas de seus órgãos sensoriais" (Freud, 1913/2003q, p. 87, tradução nossa), o que não caracterizaria, portanto, um processo patológico, mas um processo normal da infância que perdura nos adultos, durante à noite com os sonhos ou mesmo com os sonhos diurnos, que podem "emergir de maneira autônoma tanto em estados de saúde quanto nos sintomas das psiconeuroses" (Freud, 1900/2004o, p. 529, tradução nossa). Mas, para os adultos primitivos, Freud menciona que se abre outro caminho:

> *seu desejo desencadeia um impulso motor, a vontade, e esta – que logo mudará a face da Terra e que se encontra a serviço da satisfação de seus desejos – é empregada para figurar a satisfação, de modo que se possa vivenciá-la mediante alucinações motoras. (Freud, 1913/2003q, p. 87, tradução nossa)*

Essa passagem mostra que a ação feita pelo homem primitivo corresponde a uma ação mágica que ocorre em função daquilo que é desejado. Uma ação como essa, caracterizada por Freud como uma alucinação motora, revela o engajamento anímico na figuração da vivência de satisfação. Se aquilo que é projetado ganha uma forma exterior, a representação de satisfação de um desejo interior é atribuída à realidade exterior pelo indivíduo primitivo. A força desse desejo implica uma

> *superestimação geral dos processos anímicos, vale dizer, numa atitude frente ao mundo, que no nosso entendimento do vínculo entre realidade e pensar não podemos menos que considerar como uma superestimação desse segundo. (Freud, 1913/2003q, p. 88, tradução nossa)*

A ação alucinatória seria, assim, uma ação imitativa de uma ação própria que traz em si um contentamento, não por sua resignação, mas pelo valor atribuído aos desejos e à vontade (Freud, 1913/2003q, p. 88). Ela é a imitação de uma representação atribuída ao exterior que afirma o próprio desejo como mágico, onipotente, sendo que "o princípio que rege a magia e o modo de pensar animista é o da onipotência dos pensamentos" (Freud, 1913/2003q, p. 89, tradução nossa). A partir da projeção, tem-se a onipotência dos pensamentos sob forma de representações exteriores correspondentes a algo que seria interno. Poderíamos nos perguntar se tais representações, plásticas ou verbais, resultantes do mecanismo de projeção como forma expressiva, já não constituiriam uma linguagem primitiva? Segundo Freud,

> *o homem primitivo não tem outra opção nem outro caminho de pensamento. É natural para ele, como que inato, projetar sua essência para fora, para o mundo e ver em todos os processos que observa, exteriorizações de seres que no fundo são semelhantes a ele. Tem-se aqui o único método de sua atividade conceitualizadora. (Freud, 1927/2004g, p. 22, tradução nossa)*

Com a fabricação de utensílios a partir de outros utensílios, o *Homo habilis* se distingue do *Australopithecus* por ser capaz de associar. Isto é, além da representação de objetos, o *Homo habilis* passou a representar as associações de representações, o que indica que as representações tornaram-se referentes umas às outras, mas principalmente que "as coisas do mundo seriam relegadas às suas representações", e tudo o que com elas fosse empreendido ocorreria pela sua força (Freud, 1913/2003q, p. 88). Essas associações entre representações se dariam de maneira direta ou indireta, seguindo os princípios de associação por contiguidade ou por semelhança, que, por sua vez, são modos de associação primários, característicos dos mecanismos do inconsciente. À medida que encontramos esses mecanismos num primeiro modo de expressão plástica, ou na origem da linguagem, não poderíamos dizer então que essa linguagem primeira é uma linguagem simbólica? Essa linguagem teria o sentido original da palavra *símbolo* assim como referida por Schelling: "o sentido etimológico de 'convergência', 'encontro'" (Torres Filho, 2004, p. 113), teríamos que pela projeção haveria um encontro daquilo que seria a representação externa de um desejo interno numa única forma expressiva, de linguagem que se desdobra em si mesma, "como identidade de ser e significação" (Torres Filho, 2004, p. 133). Além disso, nessa linguagem, observamos a presença de mecanismos inconscientes, como similaridade e contiguidade, que se desenvolveram numa cultura primeira e auxiliaram a própria formação desta, de modo que o conteúdo inconsciente fosse expressado numa forma consciente e compatível com a realidade exterior.

Desse modo, teríamos uma única expressão das representações internas e externas, que por sua vez seria o próprio conteúdo dos pensamentos. Ora, mas a expressão verbal não seria aquilo que queremos dizer ou aquilo que temos em mente, isto é, a expressão do próprio pensamento? Podemos responder a essa indagação por meio da linguística.

Segundo Benveniste, a expressão verbal é aquilo que queremos dizer:

> *ainda que muito difícil de defini-la em si mesma, é o conteúdo do pensamento. Por algum nome que a designemos, ela pode ser definida apenas pelas características de intencionalidade, ou, ainda, pela estrutura psíquica etc. Mas esse conteúdo ganha forma somente quando é enunciado. Ele ganha a forma da língua e é o molde de toda expressão possível. (Benveniste, 1966, p. 63, tradução nossa)*

Mas, se concordamos com a linguística, é apenas em parte, pois não podemos concordar com a afirmação de que a linguagem é "inicialmente condição para a realização do pensamento" (Benveniste, 1966, p. 64, tradução nossa), pois, além de a linguagem ser a própria figuração do pensamento, este último existe a partir de representações-coisa. Além disso, a expressão verbal não seria o único modo de existência de uma linguagem primitiva; além dela, os utensílios confeccionados também constituiriam uma expressão plástica dos pensamentos, também seriam uma projeção concreta das representações internas. Se por um lado observamos as representações internas da realidade externa materializadas nos objetos, por outro constatamos que, dentre alguns primitivos, o nome é a própria exposição da personalidade e da alma do indivíduo, como se fosse uma parte palpável, concreta do próprio corpo. Segundo Frazer, "os selvagens", incapazes de diferenciar coisas de palavras, não imaginavam uma ligação arbitrária entre o nome e as pessoas ou coisas. Para eles, o nome "era real e substancialmente interligado às coisas de um modo mágico", é como se ele estivesse entrelaçado em seus cabelos, ou como se fosse do mesmo material de suas unhas. "Tratavam o nome como uma porção vital de si mesmos" (Frazer, 1890/1994, p. 244, tradução nossa).

Se concordamos apenas parcialmente com Benveniste, isso se deve ao fato de que a linguagem só é condição para o pensamento quando já existe cultura ou, ainda, quando não é necessária uma projeção das representações internas para formar uma representação da realidade exterior. Ou seja, quando o indivíduo já se encontra imerso na cultura e não se utiliza de mecanismos inconscientes para formar representações conscientes da realidade e, portanto, essas representações seriam feitas a partir da percepção do mundo exterior, e não de uma projeção interior. Contrariamente, podemos dizer que a formação de uma realidade exterior primitiva e consciente ocorreria a partir de mecanismos inconscientes, como se a consciência desta última brotasse daquilo que é inconsciente e houvesse uma ativação alucinatória de traços mnêmicos sonoros que promovessem o próprio pensar em palavras iniciando assim um "sobreinvestimento originário do pensar" no indivíduo (Freud, 1913/2003q, p. 93).

Como referimos, com o *Homo habilis* houve uma primeira manifestação do processo de simbolização através da capacidade de associação de representações pela confecção de utensílios a partir de outros utensílios. Dessa capacidade de representação de associações inferimos uma submissão das coisas do mundo ou da realidade exterior às próprias representações que foram projetadas. Da força das associações entre representações e dos princípios de semelhança e contiguidade que regem essas associações, Freud chega a uma conclusão em *Totem e tabu*: que o "império da associação de ideias é o que explica toda a insensatez dos procedimentos mágicos, pois os homens confundiam uma conexão real com uma ideal" (Freud, 1913/2003q, pp. 86-87, tradução nossa), ou ainda, segundo Frazer, "os homens confundem a ordem de suas ideias com a ordem da natureza e, portanto, imaginaram que o controle que têm ou parecem ter sobre seus pensamentos permitiu-os exercitar um controle correspondente sobre as coisas" (Frazer, citado por Freud, 1913/2003q, pp. 86-87, tradução nossa).

Para Freud, a magia seria uma técnica do animismo com a qual os desejos do homem podem ser realizados. E o animismo seria um "sistema de pensamento, que não apenas proporcionaria a explicação de um fenômeno singular, mas a própria totalidade do universo" (Freud, 1913/2003q, p. 81, tradução nossa). De acordo com o sistema animista, a totalidade do universo também envolveria os processos interiores ao homem que foram representados exteriormente pelo mecanismo de projeção. Além do sistema animista ("mitológico") de pensamento, que seria uma primeira cosmovisão, Freud cita dois outros sistemas de pensamento: o religioso e o científico, e afirma que o sistema religioso poderia estar baseado no sistema animista, pois, ainda que esse último não seja uma religião, ele "apresenta as condições prévias para se edificarem, posteriormente, as religiões" (Freud, 1913/2003q, p. 81, tradução nossa).

As ideias de Freud sobre a magia e o animismo são respaldadas posteriormente na antropologia de Marcel Mauss, que em *Sociologia e Antropologia* descreve a magia como uma primeira forma de pensamento, porque "ela teria existido outrora em estado puro e, na origem, o homem não sabia pensar senão em termos mágicos" (Mauss, 1950/2003, p. 51). Podemos inferir que a confusão a qual Freud e Frazer se referem não seria propriamente uma confusão, mas o modo de pensar intrínseco ao homem primitivo que, "sem hesitação, teria objetivado suas ideias e seus modos de associá-las, imaginava criar as coisas assim como sugeriam seus pensamentos, e acreditava-se senhor das forças naturais, assim como era senhor de seus gestos; por fim acabou por perceber que o mundo lhe resistia" (Mauss, 1950/2003, p. 51).

Arriscamos dizer aqui que, num primeiro momento, os desdobramentos da aquisição de uma linguagem simbólica podem ser observados na própria cultura, apresentados sob a forma de ritos mágicos, e da mitologia primitiva, ainda que seja contestado por alguns autores (Gibeault & Uhl), que afirmam que tais condições culturais não puderam ser imaginadas antes do *Homo sapiens sapiens*. No entanto, sabe-se que "as primeiras sepulturas pré-históricas datam de cerca de 80 mil anos", ou seja, do paleolítico médio, habitado pelo *Homo neanderthalensis*. Desse período, temos tanto "a presença do ocre vermelho nas sepulturas e sobre as ossaturas que, por sua vez, expressariam o sangue, signo da vida, contrapondo-o assim a uma representação de morte" (Gibeault & Uhl, 1998, p. 36, tradução nossa) quanto à descrição da existência de ritos funerários. Mas se admitimos a magia como uma "forma primeira do pensamento humano . . . como uma primeira etapa da evolução mental" (Gibeault & Uhl, 1998, p. 36, tradução nossa), e constituinte de "toda a vida mística e toda a vida científica do primitivo" (Mauss, 1950/2003, p. 51), independentemente das delimitações de qual período pré-histórico está envolvido, tomamos essa técnica como uma primeira manifestação da onipotência dos pensamentos na cultura, pois nela observamos a submissão da realidade exterior aos próprios desejos.

De acordo com um ensaio de Gilda de Mello e Souza sobre o desenho primitivo, o desenho de bisões cravados de flechas feito no fundo de escuras cavernas, localizadas onde hoje se encontram Espanha e França, envolvia a magia simpática, e esta "postula que desenhar um animal é adquirir poder sobre ele e, portanto, representá-lo assim ferido de morte é antecipar o efeito desejado."

(Mello e Souza, 1980/2009, p. 59). Isso nos indica que a representação do que seria a própria onipotência dos pensamentos estaria sendo regida por leis de contiguidade e similaridade, ou seja, que através da magia também encontramos os mecanismos do inconsciente projetados, expressos como linguagem primeira, simbólica, seja ela a dos gestos, plástica ou verbal.

Para o homem pré-histórico, até a percepção de que o mundo lhe oferecia resistência, supomos que o vínculo entre os pensamentos e a realidade ocorria em função da onipotência dos pensamentos. De acordo com os pensamentos mágicos, a realidade se comporta conforme o que é por eles ditado. Os pensamentos onipotentes não só submetem a realidade aos seus ditames, como a traduzem em seu modo de expressão, ou seja, em representações da realidade que não seriam outra coisa que as próprias representações internas.

A antiguidade e o simbólico

> *Em muitas democracias gregas havia reis permanentes cujas responsabilidades até onde as conhecemos, parecem ter sido o sacerdócio e ter girado em torno do controle da Pira comum do estado. Naqueles dias, a divindade que alcançava um rei não era uma forma vazia de se dizer, mas a expressão de uma soberania da crença. Os reis eram reverenciados, em muitos casos não apenas como simples sacerdotes, como intercessores entre o homem e deus, mas sendo eles próprios deuses. Desses deuses, era frequente esperar que eles fizessem a chuva cair, ou o sol brilhar nas respectivas estações, as semen-*

> *tes crescerem e assim por diante. (Frazer, 1890/1994, p. 10 , tradução nossa)*

Segundo Frazer, em *O ramo dourado*, esta combinação de funções sacerdotais com a autoridade real, como existia na Grécia antiga, era familiar na Ásia Menor, China, Madagascar, Roma, leste da África, América Central e outros. Havia uma crença de que esses reis-sacerdotes pudessem controlar as leis da natureza, e talvez possamos ainda retificar que não seriam eles deuses, mas mágicos portadores da "onipotência dos pensamentos". Teríamos assim que na Antiguidade, seja na Grécia, seja em outras partes do mundo, em culturas detentoras da escrita ou não, havia uma manutenção do modo primitivo de pensamento, o pensamento mágico e simbólico. Frazer nos afirma ainda que, "por mais estranha que nos pareça essa expectativa", isto é, essa espera de que o mundo se comporte conforme a vontade desses reis-deuses, ela "condiz perfeitamente com os modos do pensamento primitivo" (Frazer, 1890/1994, p. 10, tradução nossa).

Vimos o pensamento mágico simbólico como formador do pensamento e da linguagem nos primórdios da cultura humana, modo esse que perduraria enquanto tal e enquanto estrutura social e religiosa em muitas culturas tribais, fossem elas contemporâneas, de poucos séculos anteriores ao nosso, ou mesmo pertencentes à Antiguidade.

De acordo com Cornford, em *Principium SapientiÆ*, o "aparecimento dos deuses antropomórficos" já pressupõe um certo distanciamento e separação entre a natureza e o homem, o que não ocorre "ao homem da fase primitiva", ou seja, da Antiguidade, em especial da Grécia arcaica. Nesta fase, o antropomorfismo pode ser explicado pela reunião de funções na figura do *homem divino*, de um indivíduo que é mortal, mas, enquanto rei, lhes são atribuídas funções impessoais e divinas, funções "cuja finalidade é a renovação das forças tanto da natureza universal como da sociedade humana" (Cornford, 1989, p. 422). Como nos diz o epigrama de uma antologia grega: "Se Homero foi um deus, a ele templos se ergam. Se foi um mortal, como deus, porém venerado seja" (Beierwaltes, citado por Schelling, 1859/2001, p. 79).

Além dos reis-sacerdotes e "para lá do horizonte dos Gregos antigos", os poetas-profetas-sábios são figuras que abrigavam diversos atributos e nas quais confluíam diversas funções. Esta união revela, portanto, "a crença implícita de que toda a sabedoria excepcional é a prerrogativa de pessoas inspiradas ou mânticas, que estão em contato com o outro mundo dos deuses e dos espíritos" (Cornford, 1989, p. 145). Um exemplo dessa indistinção entre o poeta, o profeta e o sábio é a "figura complexa do xamã grego de Castrén que conhece o passado, o futuro e tudo o que acontece no presente" (Cornford, 1989, p. 165). Os xamãs eram, segundo Cornford, cantores, poetas, músicos, adivinhos, sacerdotes e médicos, aqueles que guardam as tradições religiosas populares e as lendas antigas. O xamã era um intermediário entre os seus companheiros de tribo e o mundo dos espíritos, uma espécie de mensageiro divino e humano, como o rei-sacerdote, que aparece entre os povos que não abraçaram o cristianismo, o budismo ou o islamismo.

Podemos encontrar também

> *através do mito e dos ritos babilônios, um pensamento em que não fica estabelecida entre o homem, o mundo e os deuses uma nítida distinção de planos. O poder divino concentra-se ainda na figura do rei. O ordenamento do mundo e a regulação do ciclo das estações aparecem integrados na atividade real: são aspectos da função de soberania. (Vernant, 1988, p. 353)*

"A representação ritualística e mimética do xamã destina-se a simbolizar esta viagem ao outro mundo de maneira convincente" (Cornford, 1989, p. 165). Os xamãs, ou sábios, não constituíam uma classe de pessoas separada da sociedade, mas compunham individualidades que viviam à margem desta e "se singularizavam por sua vida ascética": normalmente retiravam-se para lugares isolados, praticavam a abstinência sexual, jejuavam etc. Uma representação ritualística convincente envolvia o voo da própria alma, o abandono do corpo do xamã e posterior reintegração conforme sua vontade. A viagem da alma poderia mesmo envolver o deslocamento dos corpos, fazendo com que estes acordassem de uma "espécie de sono cataléptico", distantes de onde jaziam anteriormente (Vernant, 1988, p. 362).

Isso nos mostra que os ritos e os mitos da Antiguidade são as formas de expressão dessa época. "O mito era uma narrativa . . . contava a série das ações ordenadoras do rei ou do deus, tal como o rito as mimetizava." (Vernant, 1988, p. 354). Talvez fossem a única forma de expressão, assim como a figura dos reis-sacerdotes, para a qual confluíam todo o pensamento cultural, religioso e científico e toda a linguagem. Eram os próprios reis, a cultura, a religião, a ciência e a linguagem. Como nos apresenta Cornford em *As paixões trágicas em Tucídides Mythistoricus*:

> *O crescimento da pessoa mítica é algo completamente diferente da personificação alegórica de uma ideia abstrata. Apanhar uma abstração distintamente e depois assinalar seus atributos pessoais é um procedimento que pode ocorrer apenas num estado avançado de cultura. Essas figuras que consideramos agora originalmente são não alegóricas, mas míticas; não personificações, mas pessoas. (Cornford, 1971, p. 230, tradução nossa)*

Inicialmente "*Phobos* é simplesmente o espírito que recai sobre um exército e inspira pânico. *Eros*, o espírito que possui o amante, e assim por diante" (Cornford, 1971, p. 229, tradução nossa). Phobos e Eros são entidades temporárias, e só passarão a ser permanentes quando tiverem uma casa, isto é, um local onde possam ser evocados, seja uma árvore, seja uma pedra, qualquer local que lhes sirva de habitação, para depois serem preenchidas com suas histórias, para que finalmente possam ser contadas. Isso significa dizer que o "culto asseguraria sua permanência; o mito nelas investiria com caráter e história" (Cornford, 1971, p. 230, tradução nossa); como se a entidade pudesse através do rito e do mito surgir personificada de sua habitação. É dessa maneira que o crescimento da pessoa mítica é diferente do da personificação alegórica, o emergir da entidade do local de sua habitação garante a esta, mesmo sendo ela uma abstração ou o resultado de um desejo, certa realidade, certa vida que também faz parte da natureza.

No trecho citado tem-se que a personificação das abstrações só ocorre em um estágio avançado da cultura, isto é, quando há uma distinção mais clara entre o homem e a natureza, ou quando as divindades do Olimpo já se encontram completamente antropomorfizadas (Cornford, 1971, p. 231). Nesta fase em que a cultura é ainda rudimentar e primitiva, ou seja, mágica, os deuses são eles mesmos pessoas e mitos: "Ora, era impossível esconder de si mesmo que de fato em Homero . . . os mitos não são entendidos alegoricamente, mas com absoluta independência poética, como realidade por si" (Schelling, 1859/2001, p. 72).

De acordo com Cornford, Hesíodo e Homero, conservam muito do que é primitivo, "mas eles preservam isso numa roupagem tardia e artificial" (Cornford, 1971, p. 230, tradução nossa), e que muito antes deles se estende um período em que havia uma produção popular e verdadeiramente primitiva dos mitos, de modo que as abstrações alcançavam a condição plena de vida e realidade.

No entanto, Schelling diz que a magia da poesia homérica e de toda a mitologia reside no fato de apresentarem uma significação alegórica enquanto *possibilidade* (Schelling, 1859/2001, pp. 71-74). Na mitologia, podemos alegorizar tudo; a mitologia pode ganhar uma infinidade de significados, mas nela o sentido universal em oposição ao particular também só existe como possibilidade. Como nos atesta Torres Filho (2004, p. 117), "não ocorreria a ninguém o pensamento de encontrar alegoria nos mitos, se ela não estivesse efetivamente inscrita neles, se o símbolo não contivesse também a alegoria".

"Não foi Homero quem primeiro tornou aqueles mitos poética e simbolicamente independentes, eles já o eram no início" (Schelling, 1859/2001, p. 72) e só posteriormente se tornaram alegóricos, somente depois de se transformarem em personificações de abstrações é que passaram a significar algo. No início, o mito de *Éris* (Discórdia) apresentava seres reais, seres que eram ao mesmo tempo aquilo que significavam. Desse modo, temos aqui que o conceito simbólico exprime que o sentido particular não significa o universal, mas é ele mesmo o universal: "cada figura deve ser tomada como aquilo que é, pois, por isso mesmo, também é tomada como aquilo que significa. Aqui a significação é ao mesmo tempo o próprio ser." (Schelling, 1859/2001, p. 73). Ainda segundo Schelling, "Os deuses são (na mitologia) seres efetivamente existentes, que não são algo e significam algo outro, mas significam somente aquilo que são" (Schelling, citado por Torres Filho, 2004, p. 131). Nesse sentido, o simbólico é "uma reunião de ser e significação", ou, ainda, "identidade que se enuncia completamente", tendo, portanto, uma significação "tautegórica", isto é, encerrada em si e voltada para si.

Poderíamos conjecturar que a finalidade última do pensamento simbólico primitivo residiria nele mesmo, seja ele pré-histórico ou prevalente na Antiguidade, enquanto exposição de si para si que é ao mesmo tempo particular e universal, expressas por entidades reais divinas e humanas ao mesmo tempo. Na medida em que os deuses são antropomorfizados e se tornam personificações abstratas passam a ser alegóricos e têm sua significação destituída de si mesmos; já não reúnem em si ser e significação, e passam a significar algo outro; por exemplo, Apolo é o símbolo do Sol e desta forma não seria essa uma figura simbólica, mas uma figura disfarçada, travestida, alegorizada.

Culturas tribais: a permanência do simbólico

De acordo com Lévi-Strauss,

> *a palavra totem foi formada a partir do ojibwa, língua algonkina falada na região ao norte dos Grandes Lagos da América setentrional. A expressão ototeman tem como significado "ele é de meu parentesco", e pode ser decomposta em: o inicial, prefixo da terceira pessoa, – T – para prevenir a conjunção de vogais, – M – possessivo, – AN – sufixo da terceira pessoa; enfim – OTE, que exprime o parentesco entre ego e um coirmão masculino ou feminino, definindo assim o grupo exogâmico da geração do sujeito. (Lévi-Strauss, 1963, p. 25, tradução nossa)*

Conforme essa explicação, o parentesco entre as pessoas de uma certa região numa sociedade tribal (ou diria Freud: primitiva) é determinado pelo totem. O clã leva o nome do totem que determinou tanto a sua formação quanto a relação entre os membros pertencentes a ele. Essa descrição geral poderia ser compartilhada pela etnologia do século XIX, cuja teoria do totemismo, entretanto, é essencialmente incompatível com aquela de Lévi-Strauss. Sem entrar nos meandros do estruturalismo, iremos direto a Frazer, cujas elucubrações foram muito úteis para Freud.

> *Um totem pode ser um objeto que o selvagem devota respeito supersticioso por acreditar que entre sua própria pessoa e todas as coisas dessa espécie exista um vínculo particular. . . . A conexão entre um homem e seu totem é recíproca; o totem protege o homem e este, por sua vez, dá mostras de respeito ao totem de diversas maneiras. Pode-se distinguir três variedades de totens, os clânicos (compartilhados por um clã inteiro e que são transmitidos por herança de uma geração a outra), os totens de sexo (que pertencem a todos os homens e todas as mulheres da tribo com exclusão do outro sexo) e os totens individuais (próprios de uma única pessoa, mas que não são transmissíveis aos seus descendentes). O totem clânico envolve a veneração de todo o clã que leva o seu nome, os membros do clã são considerados descendentes de um antepassado comum e do mesmo sangue, e encontram-se conectados por deveres comuns e pela crença em seu totem. (Frazer, citado por Freud, 1913/2003q, p. 106, tradução nossa)*

Vemos assim que o totemismo, segundo Frazer, não envolve uma apresentação metafórica das relações entre os membros do clã e seu totem ou entre outros clãs, como sugere Lévi-Strauss, mas representa um verdadeiro "sistema religioso e social, que envolve aspectos de respeito e proteção entre os homens e seu totem, bem como obrigações entre os membros do clã, e, ainda, com outros clãs" (Frazer, citado por Freud, 1913/2003q, p. 106, tradução nossa).

Os rituais, as proibições, a veneração e a própria estruturação dos clãs baseados em seus totens, bem como os mitos criados e transmitidos em torno dos totens, fazem parte de um modo de pensamento mágico e mítico, que para Wundt "constituiu outrora, em todas as partes, um estágio prévio dos posteriores desenvolvimentos e uma etapa de transição entre o estado dos homens primitivos e a época de heróis e deuses" (Wundt, citado por Freud, 1913/2003q, p. 104, tradução nossa). Podemos afirmar, do ponto de vista dessa análise, que a existência de culturas totêmicas e animistas no final do século XIX e início do século XX significa a permanência de culturas que preservavam tanto o pensamento como a linguagem simbólicos.

"O tabu dos animais, que consiste essencialmente na proibição de matá-los e comê-los, constitui o núcleo do *totemismo*" (Wundt, citado por Freud, 1913/2003q, p. 32, tradução nossa). Não somente os animais podem ser considerados tabu, mas tudo o que "é portador, ou fonte", de qualidades, que são ao mesmo tempo sagradas e impuras; algo do tabu carrega consigo a característica de ser concomitantemente estranho, perigoso e elevado além do habitual. "Nesta palavra e o sistema que ela designa se expressaria um fragmento da vida anímica cuja intelecção nos parece realmente distante", mas talvez essas "proibições as quais obedecemos, instituídas pela moral e pelos costumes, possivelmente tiveram algum parentesco essencial com os tabus primitivos" (Freud, 1913/2003q, p. 31, tradução nossa).

A principal consequência da característica do tabu como algo ao mesmo tempo impuro e sagrado é que não importa quem leve esse título de tabu, seja um lugar, um homem ou um animal, nele "não é permitido tocar; com efeito, ele destaca um traço que definitivamente seguirá sendo comum para o sagrado e para o impuro: o horror ao seu contato" (Freud, 1913/2003q, p. 33, tradução nossa). Isso causaria tanto veneração como aborrecimento, ou uma posição ambivalente frente ao tabu.

Freud, ao abordar os tabus primitivos por um viés psicanalítico, considerou que, assim como os primitivos, os neuróticos obsessivos também se impunham proibições-tabu, ainda que esses tabus fossem individuais. Comenta que "se não estivesse habituado a chamá-los de *doentes obsessivos*, a estes indivíduos dever-se-ia admitir um nome mais apropriado para o seu estado: *doenças tabus*" (Freud, 1913/2003q, p. 34, tradução nossa).

Ainda que haja diversos pontos de concordância entre o uso dos tabus e os sintomas das neuroses obsessivas, consideraremos aqui apenas o significado da relação ambivalente frente à proibição. Freud nos apresenta um historial clínico típico de angústia de contato de uma criança pequena, na primeiríssima infância. Trata-se de alguém que exteriorizou um intenso prazer de contato com os próprios genitais, o que acabou por desencadear uma proibição externa, e consequentemente uma contrariedade a esse prazer de contato desde algo exterior. Mesmo que essa proibição tenha sido aceita de maneira consciente, apoiada em forças internas, não foi possível cancelar a pulsão, apenas reprimi-la para o inconsciente. A principal implicação dessa proibição seria um conflito permanente no aparelho psíquico da criança, pois tanto os motivos da proibição quanto o prazer de contato permaneceriam desconhecidos, inconscientes. O resultado desse conflito é que elementos substitutos do prazer pulsional tentam escapar da constante ameaça proibitiva, mas "a cada novo impulso da libido reprimida, a proibição responde tornando-se mais severa" (Freud,

1913/2003q, p. 38, tradução nossa). Essa proibição, antes externa, tornou-se interna, contribuindo para a manutenção de um conflito permanente. Porém, essa constante tensão exige descarga, e tal exigência é responsável pelas ações obsessivas, que não são nada além de ações de compromisso. A posição ambivalente do neurótico obsessivo frente à proibição se deve então aos mesmos motivos que o levam a aceitá-la. Tais motivos lhes são desconhecidos, pois a representação de prazer foi reprimida para o inconsciente e dela só temos notícias indiretas por meio dos sintomas obsessivos.

Os tabus primitivos são proibições antiquíssimas, que também foram impostas desde fora, em seu tempo, às gerações de homens primitivos; às gerações primeiras, essas proibições foram inculcadas com violência, assim como ao neurótico, e atingiram as atividades prazenteiras às quais os primitivos se mostravam fortemente inclinados. Foram conservadas ao longo do tempo, como "efeito da tradição sustentada pela autoridade parental e social", ou, ainda, em gerações posteriores como "uma peça do patrimônio psíquico herdado" (Freud, 1913/2003q, p. 39, tradução nossa). Segundo Freud, as proibições-tabu absorvidas pelos indivíduos de um povo, uma vez incorporadas, também se tornaram inconscientes, como as proibições do neurótico obsessivo.

> *O prazer de violá-las subsiste no inconsciente humano; os homens que obedeceram aos tabus mantêm uma atitude ambivalente frente a tudo sobre o que os tabus recaem. A força ensalmadora que é a eles atribuída reconduz à capacidade de induzir a tentação entre os homens; ela se comporta como uma força de contágio porque o exemplo é contagioso e porque a vontade proibida se desloca no inconsciente para outra coisa. (Freud, 1913/2003q, p. 42, tradução nossa)*

Tanto os tabus primitivos como as proibições dos neuróticos representam algo que não se pode tocar, uma representação para a qual confluem o sagrado e o impuro; nela está contida a própria proibição e o desejo de violá-la. No entanto, apenas as proibições-tabu dos primitivos representam algo que nos remete ao período simbólico da cultura, isso porque são representações exteriores que não se encontram incorporadas aos indivíduos como afirmou Freud, mas, ao contrário, são permanentemente relembradas dentro da cultura dos povos, sob a forma de leis que fazem parte do próprio código social e quando infringidas são passíveis de punição.

As leis, os rituais mágicos e os rituais sociais não representariam, enquanto permanência da linguagem inconsciente na expressão exterior, uma verdadeira indistinção entre consciência e inconsciente e, portanto, simbólica? Temos como exemplo o fato de as proibições-tabu envolverem um verdadeiro horror ao contato, uma vez que os próprios tabus podem transformar em tabu tudo o que tocam ou o que está próximo deles. Poderíamos dizer então que encontramos nessas proibições a contiguidade e o deslocamento como formas de expressão da cultura. E, novamente, não seriam essas formas a expressão de mecanismos que encontramos no inconsciente? Não teríamos assim um modo de expressão inconsciente ou mesmo uma forma de "linguagem" apresentada na realidade exterior, na cultura?

Os tabus primitivos, ao suscitarem uma postura ambivalente, remetem, portanto, ao período em que não havia distinção entre o que é consciente do que é inconsciente, ou seja, ao período pré-histórico simbólico da cultura. No entanto, isso não ocorre do mesmo modo no neurótico, uma vez que tais proibições estão interiorizadas, isto é, a repressão já emergiu no aparelho psíquico e o conflito só existe porque os sistemas ou instâncias já se encontram separados. A solução de compromisso é o resultado de um processo de repressão e de troca: algo não tolerável pela consciência torna-se algo que é por ela aceito. Não há, portanto, uma suspensão da barreira da censura como forma de o inconsciente emergir na consciência. O que no indivíduo neurótico é uma fantasia, ou um esquema que faz parte do patrimônio coletivo vivo, e que é por sua vez proibida e forma o núcleo da neurose, para os primitivos faz parte da cultura na forma de tabu, e apesar de ser algo que não se pode tocar, como a proibição obsessiva dos neuróticos, resgata, em uma representação, o simbólico da cultura.

Dentre os tabus primitivos talvez os que melhor ilustram a confluência de sentimentos ambivalentes sejam os tabus dos mortos. Freud os compara ao contágio de uma infecção que "dá provas de particular virulência em quase todos os povos primitivos" (Freud, 1913/2003q, p. 58, tradução nossa). As consequências são sentidas tanto para quem entra em contato com o morto como para os que fazem luto por ele. Entre os maori, por exemplo, torna-se impuro quem toca no cadáver ou em sua sepultura. "Entre os shuswap, da América do Norte, viúvas e viúvos devem viver isolados durante seu período de luto" (Freud, 1913/2003q, p. 59, tradução nossa), devem dormir na mata densa sobre o silvado; a eles não é permitido tocar no próprio corpo ou na própria cabeça, e quem deles se aproximar pode ser acometido por alguma doença.

Em diversos povos primitivos, como os da Sibéria, os do Ceilão, os tuaregues do Saara, os moradores das ilhas Nicobar (Madagascar) e outros, não é permitido pronunciar o nome do defunto; para alguns, apenas durante o período de luto e, para outros, permanentemente, ainda que conforme a passagem do tempo em todos os casos haja uma moderação em relação à proibição. Em algumas tribos australianas, as pessoas que possuem o mesmo nome do morto são rebatizadas. Se acaso o nome do defunto coincidir com a designação de um animal ou um objeto, também esses são rebatizados para que o defunto não seja lembrado toda vez que utilizarem os animais ou objetos. Como vimos antes, o nome não é apenas uma designação, mas um patrimônio importante da personalidade da pessoa e que não pode ser pronunciado em qualquer situação. Todas essas proibições-tabu se devem ao fato de que, no instante em que o indivíduo morre, ele imediatamente se torna um demônio, "de quem os supersticiosos só podem esperar atos hostis e de cujas apetências malignas devem se colocar a salvo por todos os meios" (Freud, 1913/2003q, p. 64, tradução nossa).

Para Freud, os "demônios e espíritos não são mais que projeções de sentimentos dos primitivos" (Freud, 1913/2003q, p. 95, tradução nossa), que não apenas promovem um alívio psíquico, mas seriam elas o próprio modo de expressão do pensamento animista, da onipotência dos pensamentos, ou, ainda, da própria linguagem primitiva, como dissemos. No mecanismo de projeção encontramos uma atitude ambivalente em relação ao morto, motivada por processos anímicos não declarados, *latentes*, de ódio ao morto e, consequentemente, representado como demônio - como um agente provocador de doenças, um agente mortífero - e por processos anímicos explícitos a morte é tomada como um fato *presente*, como algo que é dado aos sentidos e que, ao ser representada por espíritos malignos, ou demônios, concederia a esses uma parte da sua onipotência dos pensamentos. Perante a impressão que a morte causa no primitivo, somos inclinados a ver que ele equipara sua onipotência dos pensamentos à dos espíritos, bem como retrocede frente aos "poderes da morte", isto é, apenas a morte é capaz de levá-lo a uma "atividade exploratória quando um conflito de sentimentos oriundo daquela situação é desencadeado" (Freud, 1913/2003q, p. 96, tradução nossa). Desse modo, a morte estaria na origem de uma primeira atividade intelectual, a criação de espíritos malignos erigiu como concessão de uma parte da onipotência de pensamentos, sendo essa "um primeiro reconhecimento da *necessidade* existente frente ao narcisismo humano" (Freud, 1913/2003q, p. 96, tradução nossa).

Ao buscar as origens do totemismo, Freud se refere ao *banquete totêmico* como uma cerimônia peculiar que faz parte do sistema totêmico desde o início. "E como o sacrifício pressupõe uma pessoa divina, se trata de uma inferência que retrocede desde uma fase superior do rito religioso até o totemismo" (Freud, 1913/2003q, p. 135, tradução nossa). Originariamente, o banquete totêmico envolvia o sacrifício de animais que tinham sua carne e seu sangue devorados publicamente por todos os membros do clã. O ritual sacrificial demarca a igualdade entre o animal totêmico e todos os membros da comunidade:

> *Comer e beber com o outro era ao mesmo tempo um símbolo e uma corroboração da comunidade social, assim como a aceitação das obrigações recíprocas; o banquete sacrificial expressava de uma maneira direta que deus e seus adoradores eram comensais, e com isso estavam dadas todas suas outras relações. (Freud, 1913/2003q, p. 137, tradução nossa)*

Essa cerimônia particular acaba por assegurar que o clã pertença ao totem e este, por sua vez, não apenas origina o clã, mas também deve obrigações a ele, como nomeá-lo, protegê-lo e estabelecer uma linhagem de parentesco entre seus membros. A partir do ritual totêmico, fica assim estabelecida uma relação de igualdade entre o deus do clã e seus adoradores: todos são iguais a ele e entre si perante a ele.

Desse modo, observamos que o ritual do banquete totêmico acaba por reiterar seu mito fundador de maneira simbólica através do sacrifício real do animal totêmico, que é compartilhado publicamente por todos os membros do clã, de modo que o ritual, ao evocar o mito de origem, reatualiza concretamente o mito, porque traz para o tempo atual o tempo ancestral em que o mito ocorrera. Ao contrário de um rito alegórico, por exemplo, uma missa cristã, em que a hóstia significa o corpo de cristo e o vinho seu sangue, no rito simbólico que envolve o sacrifício os membros da comunidade ingerem o corpo do próprio animal totêmico, fazendo assim com que as características dos deuses possam ser também características dos homens. Assim como na mitologia grega em que os deuses não significavam outra coisa que eles mesmos e não eram personificações abstratas, o animal sacrificado não significava algo outro, mas era ele próprio o totem, que só poderia ser devorado publicamente para o sacrifício numa cerimônia em que deuses e homens tornavam-se um.

Ao retornarmos mais uma vez a Schelling, em particular ao que ele diz do universo na mitologia do cristianismo, em contraposição à concepção de universo na mitologia grega, podemos observar uma oposição similar quanto aos ritos primitivos e o ritual cristão:

> *Se a exigência que se cumpriu na mitologia grega era exposição do infinito, como tal, no finito, por conseguinte simbólica do infinito, no fundamento do cristianismo está a exigência oposta, a de acolher o finito no infinito, isto é, torná-lo alegoria do infinito. No primeiro caso, o finito vale alguma coisa por si, pois acolhe o infinito em si mesmo; no segundo caso, o finito nada é por si mesmo, mas somente se significa o infinito. (Schelling, 1859/2001, p. 90)*

Os mitos primitivos, de maneira geral, são caracterizados por uma atemporalidade. Os mitos que são evocados em ritos simbólicos sintetizam o infinito no finito. Como explica Schelling, os mitos gregos engendram em si o movimento infinito do mundo, ao contrário do cristianismo, que reafirma a história temporal numa figura humana e acaba por sacrificar a infinitude de deus pelo finitude humana de Cristo, que o encarna apenas temporariamente. É nesse sentido, ao aproximarmos a religião e os mitos, que o ritual totêmico se contrapõe ao cristão, pois o xamã, ao reatualizar um tempo ancestral, resgata a infinitude deste a cada rito e cada rito se torna, portanto, infinito, como lugar sensível da apresentação concreta da infinitude. Se o cristianismo permanece uma religião cujo sentido último é transcendente em relação ao mundo, na mitologia e no xamanismo se trata de uma imanência.

Os ritos primitivos envolvem assim uma forma simbólica em que homens e deuses encontram-se indiferenciados: sacrifício e matança periódicos do animal enquanto características de uma religião totêmica antecedem a veneração de divindades antropomórficas, que por sua vez já pressupõem um certo distanciamento entre os homens e a natureza. Essa ausência de distanciamento da natureza diz respeito tanto à religião como à conformação da sociedade primitiva. A sociedade primitiva é também uma totalidade à medida que se esforça, a todo momento, em preservar sua autonomia como um conjunto acabado, e é unidade por manter-se homogênea sem que haja desigualdade ou divisão social. Todos são iguais entre si, incluindo o chefe, que é um representante de fato dessa sociedade. Nesse sentido, a sociedade primitiva, tribal, seja ela antiga ou contemporânea, é em todos os seus aspectos uma sociedade simbólica, não apenas em seus ritos sacrificiais, em que há uma reafirmação da confluência entre o sagrado e o proibido na figura do totem, mas também no âmbito social, em que o totem determina as relações parentais entre seus membros, ambos compondo uma unidade autônoma, indivisa, encerrada em si, que se regula para si e em si mesma.[2]

Desde *Totem e tabu* (1913) e, posteriormente, em *Psicologia das massas e análise do ego* (1921), Freud se refere a uma massa primordial: a horda primordial que seria a origem da sociedade humana governada despoticamente por um "homem dominador" (*starken Männchen*) e que deixou "traços indestrutíveis na linhagem de seus herdeiros, que em particular no totemismo, já inclui[ria] em si o início da religião, da ética e da estratificação social" (Freud, 1921/2004h, p. 116, tradução nossa). Essa horda ou clã primordial viria a assassinar violentamente o seu chefe-pai, transformando assim a horda paterna numa comunidade de irmãos. A partir do assassinato do chefe da horda, todos se tornaram iguais até o momento em que houvesse um substituto para ele proveniente do próprio clã. Para esse clã de filhos-irmãos, ou seja, de iguais, vale dizer que houve um rebaixamento do indivíduo em contraposição à unidade que passa a compor, de modo que nele há uma "falta de autonomia e iniciativa individual" predominando assim uma uniformidade de reação de todos (Freud, 1921/2004h, p. 111). Nesse intervalo de tempo, após o assassinato do chefe até a sua substituição, podemos dizer que essa massa de iguais que se autorregula é uma massa simbólica e se comportaria como uma "totalidade una". Essa unidade se deve a uma desinibição dos afetos, a uma incapacidade de moderar a atividade e consequentemente em uma descarga total de sentimentos transformada em ação (Freud, 1921/2004h, p. 111). Essa unidade mantém-se mesmo na presença de um chefe despótico que não é apenas um representante de fato, o que inviabiliza nossa hipótese de uma totalidade una, simbólica desse momento para a psicanálise.

2 Apropriamo-nos aqui, um pouco livremente, de uma ideia de Pierre Clastres, "Arqueologia da violência: a guerra nas sociedades primitivas" (2004).

Segundo Freud, é importante notar que há uma "coesão" tanto na horda primordial como numa massa artificial que se deve aos vínculos estabelecidos entre todos os indivíduos e seu "condutor". Na horda, "todos os filhos se sabiam perseguidos de igual modo pelo pai primordial e o temiam de maneira idêntica" (Freud, 1921/2004h, p. 119, tradução nossa). Todos amavam o pai e igualmente o odiavam e, com base nessa premissa, a próxima formação da sociedade humana, o clã totêmico, mantém o amor ao totem e, a partir desse, erigem todos os deveres sociais. Dessa maneira, a psicanálise nos revelou que "o animal totêmico é realmente o substituto do pai, e com isso conciliou-se bem com a contradição de que era proibido matá-lo sob quaisquer circunstâncias e que sua matança se convertera em festividade, ainda que lamentemos o animal que é morto" (Freud, 1913/2003q, p. 143, tradução nossa).

De acordo com a interpretação freudiana, tem-se que o animal totêmico seria o substituto do *pai*, ou seja, já não é mais o que representa, deixa de significar aquilo que é realmente para significar algo outro deixando assim de ser uma representação simbólica. Em "épocas antiquíssimas, o animal do sacrifício era sagrado e sua vida, inviolável" (Freud, 1913/2003q, p. 140, tradução nossa) e vimos que o banquete totêmico só poderia ser feito na presença de todos, pois esses animais, que também eram deuses, eram distribuídos entre todos, o que destacava de algum modo o parentesco existente entre o animal e os membros do clã.

> *O sacrifício do animal totêmico significa então a morte do pai pelos filhos homens de direitos iguais, e que unidos mataram-no e devoraram-no colocando um fim à horda paterna, teve como inspiração o pai primordial violento que fora certamente o arquétipo invejado e temido por cada um do grupo dos irmãos. No ato de*

> *devorá-lo, consumavam assim a identificação com ele, cada um se apropriava de uma parte de sua força. (Freud, 1913/2003q, p. 143, tradução nossa)*

Nesse sentido, o ritual totêmico rememora a façanha do assassinato do pai. Este último fora uma representação ambivalente que, por um lado, inspirava ódio por impor um grande obstáculo às necessidades sexuais e, por outro, de poder, amor e admiração, tornando-se ainda mais forte depois de morto. Ao eliminá-lo e satisfazer o ódio de todos, observa-se que surge também o arrependimento, o nascimento de uma "consciência de culpa"[3] (Freud, 1913/2003q, p. 145) pelos impulsos ternos, de amor e admiração que levaram à identificação. E seria justamente por isso que o animal sagrado só podia ser devorado sob certas circunstâncias e na presença de todos.

Ainda em *Totem e tabu*, Freud nos diz que podemos observar ainda hoje "uma atitude ambivalente de sentimentos que caracteriza o complexo paterno em nossas crianças, que prossegue amiúde na vida dos adultos" (Freud, 1913/2003q, p. 146, tradução nossa), mas interroga-se se não seria essa atitude a mesma que se estende ao animal totêmico substituto do pai.

A resposta só nos foi dada anos mais tarde em sua 35ª conferência, "Em torno de uma cosmovisão" (1932): "a psicanálise infere que é de fato o pai tão grandioso como parecera outrora à criança" (Freud, 1932/2001d, pp. 150-151, tradução nossa). Esse pai, ou melhor, a instância parental (composta de pai e mãe), protegeu e cuidou da criança frágil e exposta ao mundo exterior, de modo que essa lhe parecesse grandiosa e segura. A criança, ao seguir frágil e desprotegida na idade adulta, não consegue renunciar à proteção

---

3 Freud especifica que neste caso a consciência de culpa coincide com o arrependimento.

e aos cuidados que um dia gozou, e embora o adulto constate que "seu pai [real] é um ser de poderes bastante limitados, desprovido de todas as excelências, continua a recorrer à imagem mnêmica do pai da infância, a quem tanto superestimava. Erige-o como divindade e o situa no presente e na realidade objetiva (*Realität*)" (Freud, 1932/2001d, pp. 150-151, tradução nossa).

Os atos de sacrificar e devorar a carne do animal totêmico tornam todos os membros do clã iguais entre si; eles rememoram que, com a morte do pai, ninguém mais é tão poderoso, devendo-se assumir, portanto, a igualdade entre seus membros.

Se tomarmos o totem como substituto de fato do pai, reiteramos a ideia de que a ambivalência relativa ao complexo paterno é a verdadeira expressão do totemismo. Nos ritos totêmicos celebra-se o arrependimento do assassinato do pai da horda primordial, as intenções de reconciliação com ele e a recordação do triunfo sobre ele; as festas que acompanham esses ritos seriam a própria expressão da imensa satisfação que viriam tanto renovar a façanha do parricídio com o sacrifício quanto expiar a culpa de matar o pai.

Se para a psicanálise o totemismo é um modo de representação das relações estabelecidas pelo pai da horda primordial, bem como dos sentimentos ambivalentes que ele promove, isso se deve ao fato de que Freud conjectura que a formação da família esteja ligada à repressão orgânica, isto é, ao fato de que o homem, constantemente incitado por estímulos visuais, que se tornaram mais relevantes depois da adoção da postura ereta, deixou de frequentar seus "objetos sexuais" como um pensionista, isto é, ciclicamente, e passou a retê-los junto de si. Dessa família primordial, o pai amado e poderoso provocara a aliança entre os irmãos que iriam invejá-lo, assassiná-lo e chorar a culpa de tê-lo matado: "depois de vencer o pai, os filhos tiveram a experiência de que uma união poderia ser mais forte que o indivíduo. Desse modo, a cultura totemista repousa sobre as limitações que os homens tiveram que se submeter nesse novo estado." (Freud, 1930/2004d, p. 96, tradução nossa). Se por um lado o totemismo teve como inspiração e representação a família primordial, ou a horda primordial, por outro, com ele "nasceram traços que sucessivamente seguiram comandando o caráter da religião" (Freud, 1913/2003q, p. 146, tradução nossa). Isso quer dizer que o totemismo como aspecto religioso surge da consciência de culpa dos filhos que tinham a intenção de acalmar esse sentimento e reconciliar-se com o pai ultrajado mediante uma obediência tardia (ao totem) (Freud, 1913/2003q, p. 146).

Uma vez que a psicanálise coloca o pai como substituto do totem, este não é mais uma representação simbólica, mas alegórica, ou seja, o totem significa o pai, não é ele próprio o pai. Isso poderia gerar uma contradição, ainda que aparente, na nossa exposição, já que apresentamos ao longo do texto o sistema totêmico como simbólico, desde seus ritos e pensamentos até a estruturação da sociedade primitiva. Seria uma contradição se estivéssemos assumindo, em sua totalidade, o ponto de vista da psicanálise freudiana e não alguns aspectos dessa ciência.

O que nos interessa nesse ponto da interpretação psicanalítica é que podemos extrair a partir dessa visão do sistema totêmico uma explicação de como é proporcionada uma condição para a saída do âmbito simbólico.

O totem como símbolo, que significa a si mesmo, encontra ele próprio expressão nos ritos e na sociedade primitiva, sendo, contudo, passível de uma alegorização. Como nos diz Torres Filho, "não ocorreria a ninguém o pensamento de encontrar alegoria nos mitos se ela não estivesse efetivamente inscrita neles, se o símbolo não contivesse também a alegoria" (Torres Filho, 2004, p. 117). O sistema totêmico simbólico conteria nele outros sistemas não simbólicos. E isso ocorre porque "na alegoria o particular apenas significa o universal, na mitologia ele é ao mesmo tempo o universal mesmo. Mas justamente por isso todo o simbólico é também muito fácil de alegorizar, pois a significação simbólica encerra igualmente a alegórica" (Schelling, citado por Torres Filho, 2004).

Ao extrairmos da psicanálise que o sistema totêmico é uma possibilidade para a saída do âmbito simbólico, isso quer dizer que tomamos o período simbólico da cultura como um período em que a linguagem, seja por meio dos gestos, verbal ou dos ritos, é simbólica, e não se diferencia da própria cultura; uma cultura simbólica primitiva que se estende ao longo do tempo, desde o período pré-histórico, e a encontramos apenas de maneira dispersa até o final do século XIX e início do século XX e bastante rarefeita até os dias atuais. Esse período simbólico, nos termos da psicanálise, poderia ser tratado como um período narcisista,[4] em que há uma confluência entre aquilo que é consciente e o que é inconsciente, período em que ainda não foi definitivamente erguida a barreira da repressão, ou seja, em que não houve uma separação entre as diferentes instâncias, nesse caso, anímicas da cultura. Se o tabu totêmico é uma representação social simbólica na qual conflui tanto o que é sagrado quanto aquilo que é demoníaco, por evocar tanto sentimentos de verdadeira admiração quanto o desejo de destruição e morte, ele também é uma formação social e religiosa que origina a consciência moral, e, portanto, é expressão de uma repressão a ser incorporada.

Ainda que a mudança na estrutura social envolva uma supressão do pensamento simbólico, esta última não ocorre completamente. O pensamento simbólico ou a "linguagem" simbólica

4 "Se nos fosse permitido ver na demonstração da onipotência dos pensamentos entre os primitivos um testemunho do narcisismo, poderíamos nos atrever a comparar os estágios de desenvolvimento da cosmovisão humana com as etapas do desenvolvimento libidinal do indivíduo" (Freud, 1913/2003q, p. 93, tradução nossa).

permanece na cultura em situações como a da expressão artística e a do chiste (como veremos melhor no próximo capítulo). E no indivíduo, como vimos, a linguagem simbólica infantil recapitula a linguagem primitiva. Temos ainda uma situação bastante particular, a saber, a sessão de análise, em que podemos encontrar uma recapitulação do simbólico infantil individual, uma vez dadas as condições para que haja um mergulho da consciência no inconsciente, como veremos no último capítulo.

5. O chiste e a obra de arte em Freud: formas de linguagem simbólica

Onde fantasia e juízo se tocam, nasce o chiste;
onde razão e arbítrio fazem par, humor.
Novalis (1988)

As criações poéticas nos deixam entrever
a natureza através de si mesmas,
da mesma maneira atuam também como uma névoa
entre a qual reconhecemos a época
remota do mundo primitivo
e as grandes figuras singulares que se movem
sobre seu escuro pano de fundo.
Schelling (2001)

Jogos infantis: as primeiras fantasias

> *Das peculiaridades de que temos conhecimento através da análise, tomamos como nosso ponto de partida os processos psíquicos inconscientes. Consideramos os*

> *processos psíquicos primários (os mais antigos) como sendo remanescentes de uma fase do desenvolvimento em que havia apenas um tipo de processo. Esses processos primários são guiados por uma tendência facilmente identificável que chamamos de princípio do prazer-desprazer ou simplesmente princípio do prazer. Tais processos buscam ganhar prazer; nossa atividade psíquica evita qualquer ação que possa suscitar o desprazer. Em nossos sonhos noturnos, ou mesmo durante a vigília há uma tendência a evitar as impressões de dor, o que é um vestígio da regra desse princípio e uma evidência de seu poder. (Freud, 1911/2006b, p. 414, tradução nossa)*

Para Freud, a fantasia, bem como o sonho noturno, encontra-se sob a tendência ou princípio do prazer que, por sua vez, rege de maneira exclusiva os processos psíquicos primários. Ainda que um novo princípio tenha emergido e funcione segundo processos secundários, a fantasia segue obedecendo a regras inconscientes, ou seja, permanece submetida somente ao princípio do prazer e se comporta como um sonho diurno. O "fantasiar" teve seu início junto com os jogos infantis: é tomado como um tipo de pensamento à parte, que não abandona o modo alucinatório de obter prazer nem o substitui pelo modo real, dito de outra maneira, pelo modo que se encontra submetido ao princípio de realidade.

Uma explicação dessa manutenção seria que a transição do princípio do prazer para o de realidade . . . não é alcançada de uma única vez, nem de maneira uniforme. Enquanto as pulsões do ego são submetidas ao desenvolvimento, as pulsões sexuais divergem de modo significativo. As pulsões sexuais se portam inicialmente de maneira autoerótica, encontrando satisfação no próprio corpo do indivíduo e, deste modo, sem experimentar um estado de frustração que conduziria ao princípio de realidade. Posteriormente, quando estão à procura de um objeto, essas pulsões prontamente são interrompidas pelo período de latência, o que retarda o desenvolvimento sexual até a puberdade (Freud, 1911/2006b, p. 416).

Resulta do embate dessas duas frentes pulsionais, por um lado, uma obediência ao princípio de realidade, dado que as pulsões de autoconservação (do ego) são precocemente submetidas à frustração e, portanto, impelidas a abandonar o prazer alucinatório e substituí-lo por um prazer real; e, por outro lado, que as pulsões sexuais continuam a obter prazer alucinatoriamente durante todo o período infantil, já que não passam pela desilusão, uma vez que obtêm sua satisfação no próprio corpo e são submetidas ao princípio de realidade apenas tardiamente ou, em alguns casos patológicos, simplesmente não há submissão de nenhum modo a este último princípio.

Ainda que o aparelho psíquico se encontre sujeito ao princípio de realidade, isso não significa dizer que houve uma renúncia ao prazer, mas um adiamento deste, o prazer incerto e passível de frustração é postergado e em troca tem-se um prazer tardio e seguro.

Uma busca alucinatória ou primária de satisfação implica um modo particular de repetição das vivências originárias ou, como explica Mezan, "a sucção do seio materno se converte no protótipo de todas as outras relações de amor" (Mezan, 2001, p. 136). A existência de uma realidade exterior com a qual o *ego-de-prazer* tem de se haver impede o êxito exclusivo do princípio do prazer que quer recobrar a satisfação perdida. Como foi dito no segundo capítulo, "somente a ausência de uma satisfação esperada, de um desengano, teria como consequência o abandono da intenção dessa satisfação por via alucinatória" (Freud, 1911/2004c, p. 224). É a partir desse desengano que se tem a instauração do princípio de realidade ou ao menos de um marco que possibilitaria o seu aparecimento. Se, no entanto, não temos um êxito exclusivo do princípio do prazer, esse último reina absoluto nos processos inconscientes, bem como impulsiona os processos conscientes do aparelho psíquico no sentido da obtenção de prazer. Veremos a seguir, reforçando a ideia do segundo capítulo, como a fantasia individual, assim que se torna uma classe de pensamentos à parte, impulsiona o jogo infantil e a obra artística.

"A descarga motora que se encontra a serviço do princípio do prazer" (Freud, 1911/2006b, p. 416, tradução nossa) tem como finalidade diminuir a tensão do aparelho psíquico causada pelo aumento de estímulos. Com a instauração do princípio de realidade e o vigor característico dos processos secundários, a descarga motora ganha um sentido, transforma-se em ação (de modificação do mundo exterior), o que tem como consequência o próprio pensamento. A partir de um ato reflexo, formamos uma representação desse ato e, com a intencionalidade do ato motor, a representação do ato reflexo passa a ser investida, o que significa gerar um pensamento para a realização do ato motor. Dizendo de outra maneira, o pensamento em geral nada mais é que uma preparação necessária para que o ato motor voluntário aconteça. Dessa maneira, vemos que a formulação de um pensamento parte do processo secundário. Mas este último ocorre quando o aparelho psíquico se encontra ainda no início de sua formação e se desenvolve gradualmente. De um modo geral, o pensamento inicia-se "como um rodeio" do ato motor, isto é, como uma preparação de uma ação voluntária que envolve o investimento de uma recordação de movimento até que ela seja novamente alcançada pela representação formada uma vez que o movimento já tenha ocorrido (Freud, 1900/2004o, p. 591).

Dissemos que há uma classe de pensamentos que não se encontra submetida ao princípio de realidade: o fantasiar. A fantasia, na vida adulta, é "a continuação, o substituto do jogo infantil de outrora". Em *O criador literário e a atividade imaginativa* (1919), Freud diz que a criança brinca de maneira intensa, investe na brincadeira uma grande quantidade de afeto, que o jogo talvez seja a "ocupação mais cara e mais intensa" à criança, e que talvez devêssemos buscar já na infância os primeiros traços de uma atividade literária (Freud, 1919/2007, p. 239).

A criança brinca se apoiando na realidade e pode utilizá-la de numerosas maneiras, por exemplo, como parte integrante, como cenário, como figurante, até mesmo como ator principal, mas a realidade, independentemente de seu papel, se encontra sempre em oposição ao seu brincar, pois a criança sabe distinguir bem, em sua brincadeira, o que faz parte da realidade e o que faz parte de sua imaginação criadora. Ao apoiar na realidade a brincadeira ou jogo a criança insere o que é real em seu mundo imaginativo, como se ao se apropriar dessa realidade exterior pudesse submetê-la às regras de sua própria brincadeira. Ora, diz Freud, "o criador literário faz a mesma coisa que a criança que joga" (Freud, 1919/2007, p. 236, tradução nossa). Isso quer dizer que o criador literário ou artista se apoia na realidade para criar "sua arte" ao elaborar um mundo imaginário em que ele investe grande quantidade de afeto e o qual é tomado seriamente.

Um indivíduo na vida adulta já não brinca, mas permanece capaz de escapar à censura dos desejos inconscientes pela realidade por meio de fantasias individuais, de um mundo imaginativo, seu conhecido de outrora que ele recria ao se escorar na própria realidade. Segundo Freud, "quem conhece a vida psíquica do homem sabe que quase nada é tão difícil quanto renunciar ao prazer uma vez obtido" (Freud, 1919/2007, p. 236, tradução nossa). Isso significa dizer que mesmo que na vida adulta haja uma renúncia ao prazer da brincadeira, esta é apenas aparente, pois temos notícias dele através de lembranças infantis, de sonhos diurnos que remetem às fantasias individuais. Comentando esse ponto, Paul Ricoeur, em *Escritos e conferências em torno da psicanálise*, recorda que as próprias lembranças da infância, como substitutos de vivências infantis, não são outra coisa senão traduções de textos, versões de originais que não nos são fornecidos; o que nos leva a crer que a substituição de uma vivência por uma lembrança da mesma já é um estofo primitivo do fantástico (Ricoeur, 2008, p. 243). As fantasias, ao substituírem o jogo infantil, seriam um sucedâneo que possibilita a satisfação dos desejos não alcançados na realidade, desejos que por sua vez são as verdadeiras fontes de fantasias: "cada fantasia particular é o cumprimento de um desejo, um corretivo da realidade não satisfeita" (Freud, 1919/2007, p. 243, tradução nossa). Ainda segundo Ricoeur, podemos dizer que a obra de arte não se limita a exigir um objeto de desejo, ela exige o cumprimento desse desejo, pois a mera fantasia já é o substituto de um significado ausente; a presença deste seria dada na criação artística (Ricoeur, 2008, p. 254).

Artista e gênio

> *O artista é originalmente alguém incapaz de renunciar à satisfação uma vez obtida para dar lugar à realidade, dá as costas a esta e permite que reinem os desejos eróticos e ambiciosos na sua vida de fantasia. No entanto, graças aos seus dons especiais, ele retorna à realidade proveniente de seu mundo fantasioso justamente por transformar fantasias em novos tipos de realidade que são apreciadas pelos outros como representações válidas do mundo real. (Freud, 1911/2006b, p. 418, tradução nossa)*

O artista, por sua incapacidade de renunciar ao prazer e aceitar a realidade tal como ela é, cria um mundo imaginário que se apoia na realidade, mas de modo a transformá-la de acordo com as regras de sua imaginação, de sua fantasia. Essa realidade, recriada por preceitos da imaginação, é a forma como o artista representa seu jogo no mundo real, é como se tivesse de travestir tanto suas fantasias como a realidade para aceitar esta última, e também para ter suas fantasias aceitas pelos outros e pela sua própria consciência. Dessa maneira, o artista também traduz suas fantasias em representações de acordo com a realidade, ou representações aceitas pela consciência. Como o sonho, as representações artísticas aparecem disfarçadas para que possam burlar a censura e ter acesso à consciência. Ao traduzir a linguagem da fantasia em linguagem da consciência, o artista consegue "reconciliar os dois princípios de um único modo" (Freud, 1911/2006b, p. 418, tradução nossa).

"Leonardo da Vinci, que era admirado pelos seus contemporâneos por ser um dos mais grandiosos homens da Renascença italiana, é um gênio universal de quem podemos apenas pressentir os contornos – sem jamais encontrar os seus limites" (Freud, 1910/2006a, p. 49, tradução nossa), diz Freud em *Uma lembrança infantil de Leonardo da Vinci* (1910/2006a) ao iniciar uma análise de "seres exemplares",[1] no que diz respeito às leis que regem suas condutas psíquicas tanto normais como patológicas. Para Freud, a grandeza de Leonardo, em termos psíquicos, residia principalmente na conjunção de seus dons de pesquisador das ciências da natureza aos de artista. Mesmo que competências múltiplas fossem uma característica comum do homem renascentista, "Leonardo fora um dos exemplos mais brilhantes" dessa espécie (Freud, 1910/2006a, p. 51).

1 "Leonardo é um gênio..." é uma frase de Jacob Burckhardt citada por Freud.

Cabe ressaltar essa designação de Leonardo dada por Freud como o exemplo do funcionamento psíquico do gênio, como um *modelo* de artista que reconcilia os princípios de prazer e de realidade, bem como os dois modos de funcionamento do aparelho psíquico.[2] Ao se deixar guiar pela "necessidade de pintar", o artista acaba se voltando mais para uma exploração detida dos próprios objetos do que para a pintura em si, ou seja, essa necessidade de pintar poderia bem ser uma necessidade secundária e travestida. Mas o próprio Leonardo, em suas *Conferências florentinas*, afirma que "nenhuma coisa pode ser amada ou odiada se não for antes conhecida" (Da Vinci, citado por Freud, 1910/2006a, p. 79, tradução nossa). Impulsionado a pintar e a aproximar-se apaixonadamente dos objetos a serem retratados, o artista acaba por sublimar, pelo conhecimento, desde a origem, a pulsão que contribui para a formação das fantasias, a saber, a libido.

Existe notadamente um caminho de volta que conduz da fantasia à realidade que não é outro que o da arte. Emblematicamente, o artista não difere do introvertido, que, para encontrarmos sua neurose, não precisamos ir muito longe. Sob a pressão de poderosas necessidades pulsionais, ele gostaria de conquistar honra, poder, riqueza, glória e o amor das mulheres. Mas faltam-lhe meios

2 Esse texto de Freud é bastante contestado por diversos autores de nossa época, justamente por avaliar a característica do artista, por tomar alguns fatos da infância como determinantes da obra do artista. Ao nos pautarmos por este viés, o que encontramos é, de fato, um empobrecimento da análise crítica da obra de arte, mas talvez seja importante notar que, logo no primeiro capítulo, Freud ressalta que irá avaliar as leis que regem o funcionamento psíquico em seres exemplares, ou seja, toma Leonardo como um gênio, ou melhor, como modelo de gênio, e, portanto, capaz de abarcar todas as particularidades referentes ao gênio. Como não pode deixar de mostrar quais os possíveis fatores determinantes no desenvolvimento psíquico, consequentemente do seu modo de funcionamento, utiliza-se de uma lembrança fantasiosa supostamente vivenciada pelo artista, o que acaba por gerar grande polêmica.

para esperar tais satisfações, e como todo insatisfeito, ele se retira da realidade e transfere todo seu interesse assim como sua libido para as representações de desejo de sua vida imaginativa, a partir das quais poderá tomar o caminho no sentido da neurose. . . . Sabemos que com frequência, e justamente, os artistas sofrem de uma inibição parcial de sua produtividade em função da neurose, mas sua constituição comporta igualmente uma forte aptidão à sublimação e um certo deslocamento dos recalques provenientes de conflitos internos (Freud, 1917/2005c, p. 342).

O artista retoma, então, o caminho da realidade em função de sua vida imaginativa, de suas fantasias. Como vimos, a principal fonte das fantasias são os desejos, desejos não cumpridos, principalmente de caráter sexual e infantil, daí as possibilidades de contração da neurose. Entretanto, faz parte da aptidão do artista a capacidade de sublimação.[3] Ao sublimar a pulsão sexual, esta escapa de uma possível repressão patogênica ao encontrar um sucedâneo socialmente tolerável e, portanto, capaz de satisfazer-se, ainda que de maneira substitutiva. O neurótico também encontra uma formação substitutiva tolerável para a consciência, mas, diferentemente do artista, o neurótico não traz consigo a aptidão de sublimar. Dessa forma, o artista continua a expressar suas fantasias de modo a ser aceito socialmente, mas temos que apenas no caso de Leonardo a satisfação fantasiosa é substituída desde a origem, pois o impulso sexual é transformado num impulso de saber. A sublimação não ocorre na realização da obra, mas no momento em que o artista se afasta dos objetos a serem representados para poder conhecê-los. Nas palavras de Freud, os "seus afetos estavam subordinados, submissos à sua pulsão de curiosidade. Em seu trabalho de curiosidade, amor e ódio perdem os signos pelos quais

---

3 Conceito que, embora não permaneça o mesmo ao longo da teoria freudiana, envolve sempre a mudança da finalidade e de objeto da pulsão, ou um deslocamento da satisfação sexual por uma satisfação substituta.

são afetados e se convertem igualmente em interesse pelo pensamento" (Freud, 1910/ 2006a, p. 83, tradução nossa).

Assim como o jogo infantil, que é abandonado na vida adulta, a curiosidade sexual infantil sofre uma repressão e se converte em pulsão de investigação (intelectual). A pulsão inscrita na curiosidade sexual pode ter diferentes destinos, dentre eles, o de compartilhar do próprio destino da sexualidade, mas a avidez de saber pode ser inibida, sendo essa uma destinação neurótica para a pulsão sexual; outra destinação seria o desenvolvimento intelectual suficientemente forte para resistir à repressão sexual infantil, mas, uma vez reprimida, ao retornar do inconsciente adquire uma representação "deformada e não livre, mas potente o suficiente para sexualizar o pensamento e imprimir às operações intelectuais a marca de prazer e angústia inerente aos processos sexuais propriamente ditos" (Freud, 1910/2006a, p. 99, tradução nossa). Uma terceira destinação é aquela em que não há um processo de repressão da pulsão parcial do desejo sexual, mas a sublimação, que ocorre desde o início e transforma-se em avidez de saber.

Na vida adulta pode haver uma confluência da segunda com a terceira destinação da pulsão inscrita na curiosidade sexual, pois a curiosidade pode se tornar uma espécie de compulsão que substitui a vida sexual. No caso de Leonardo, como diz Freud, "se considerarmos a coincidência da pulsão investigativa predominante e uma escassez da vida sexual – poderíamos reivindicá-lo como um caso exemplar dessa terceira destinação" (Freud, 1910/2006a, p. 101, tradução nossa). Da mesma maneira podemos dizer também que Freud se utiliza de Leonardo como um modelo para falar das particularidades do funcionamento psíquico do gênio.

Quanto ao artista, ainda que Freud se detenha no funcionamento psíquico de um artista que tenha existido, no funcionamento psíquico de artistas particulares, ou mesmo de gênios específicos, ele está se referindo ao funcionamento psíquico do artista ou do gênio em geral, isto é, trata-se da apresentação de um *tipo psíquico* do gênio ou do artista.[4] Segundo Ricoeur, "a psicanálise consegue, na medida em que pode circunscrever uma unidade estrutural de um *tipo*, fazer circular essa unidade entre diversas variantes textuais. Os escrúpulos de Freud começam aquém - ou além -, uma vez que a individualidade de uma variante deve ser reportada ao gênio criador de uma personalidade única" (Ricoeur, 2008, p. 246, tradução nossa).

A obra de arte é para o artista o modo que ele encontra para a realização fantasmática do desejo, ou, ainda, o modo de fazer com que suas fantasias possam ser apresentadas à consciência, sem passar pelo crivo de uma censura. O movimento psíquico da formulação da obra de arte envolve uma apropriação e um abandono parcial da realidade. O artista dá as costas ao princípio de realidade, não consegue renunciar ao prazer obtido e se volta para suas fantasias, para o mundo da imaginação. Este, por sua vez, fora criado com base na realidade, portanto sem excluir de todo o princípio de realidade. Esse movimento de afastamento da realidade e retorno a ela faz com que o artista se utilize dela primeiro para compor suas fantasias e, depois, para recompô-las na própria

---

4 Estamos nos referindo aqui a um tipo psíquico, que designa um modelo psíquico ou, ainda, uma ideia de funcionamento psíquico. Encontramos no artigo "Ideal e tipo na pintura renascentista italiana", de Gombrich, uma referência ao tipo de escultura ou de pintura como um esquema, um estudo prévio para se chegar a um ideal ou a uma ideia. O tipo é estudado e depurado ao longo da experiência, até que se torne complexo o suficiente para se tornar uma ideia a ser recolhida posteriormente na memória. Ao contrário de Gombrich, propomos que o termo tipo não revele um esboço a ser completado, mas que o tipo seja uma ideia previamente existente, intrínseca ao gênio, e, portanto, ao funcionamento psíquico deste último. Gombrich, E. H. Verbal Wit as a Paradigm of Art. In *Tributes*: Interpreters of Our Cultural Tradition. Londres: Phaidon Press, 1984.

realidade. Portanto, a partir de um conteúdo real que passa a ter a forma de fantasia, há uma tradução da realidade na linguagem da fantasia, e, posteriormente, a retradução da fantasia numa linguagem da realidade ou numa linguagem que seja socialmente aceita.

Podemos observar que nesse processo a linguagem da obra de arte expressa mecanismos inconscientes, por exemplo, deslocamentos e condensações analógicas (a serem descritas mais à frente), bem como uma linguagem aceita pela consciência, em conformidade com o princípio de realidade. Desse modo, a arte também viria a recapitular um período infantil em que não havia ainda uma delimitação clara entre os sistemas consciente e inconsciente, período que caracterizamos como simbólico. Nesse período, a criança utiliza-se das representações-palavra como representações-coisa, toma as palavras por coisas, é uma "época em que a criança aprende a manejar o léxico de sua língua materna e se depara com um contentamento manifesto de experimentar jogar com esse material e se enredar nas palavras sem se ater ao sentido delas, apenas com a finalidade de alcançar com elas o efeito prazeroso do ritmo ou da rima" (Freud, 1905/2004i, p. 120, tradução nossa). Vale dizer que a obra de arte, a expressão artística é, para Freud, uma *linguagem simbólica*: linguagem intransitiva, que se expressa a si mesma, que se encerra em si mesma e que conjuga em si mesma impulsos conscientes e inconscientes (ou, para falarmos com Schelling, a quem novamente recorremos, da liberdade e da natureza).

Chiste e arte

Gombrich, em *O chiste como um paradigma da arte: as teorias estéticas de Sigmund Freud*, diz que o chiste bem-sucedido, o bom chiste, deve satisfazer ao menos dois critérios, do sentido e da forma, sendo que a escolha de ambos deve comportar um elemento de estilo. Segundo ele, o valor existente na piada ou no chiste é um valor que "não pode ser ignorado por nenhuma teoria da arte" (Gombrich, 1984, p. 194, tradução nossa), valor que está condicionado ao problema de técnica e de estilo.

No primeiro e mais extenso capítulo de *O chiste e sua relação com o inconsciente*, Freud trata justamente do problema da técnica do chiste, a qual analisa nos exemplos utilizados por diferentes autores que expõem as características mais importantes relacionadas ao chiste. É da técnica do chiste que se extrai um juízo sobre sua natureza como processo psíquico. É interessante notar que é a partir dessa técnica que Freud extrai os mecanismos inconscientes envolvidos no chiste, ou seja, das inversões, da união de palavras, da formação de uma palavra mista ou de uma palavra com duplo sentido, bem como da utilização das mesmas palavras ou de palavras similares. Nas palavras de Freud: "Pude ver que a essência do chiste residia nos seus meios técnicos, aqueles mesmos cujo modo de trabalho era o mesmo da 'elaboração do sonho', quer dizer condensações, deslocamentos, representação pelo seu contrário, representação por um detalhe etc." (Freud, citado por Memmi, 1996, p. 114, tradução nossa). Freud percebeu, tanto no chiste como na formação dos sonhos, que os processos psíquicos inconscientes eram os verdadeiros motores para o aparecimento de pensamentos latentes e para transformar esses pensamentos latentes em conteúdo manifesto. Ou seja, podemos encontrar também no chiste um impulso realizado pelos mecanismos inconscientes de condensação, deslocamento, figuração pelo contrário etc.

Quando Gombrich diz que o bom chiste envolve ao menos duas condições, do sentido e da forma, e que ambos comportam um elemento de estilo, isso quer dizer que o chiste depende tanto da presteza de quem o formula quanto do contexto para ser formulado. Um exemplo é a piada contada por Freud: "Dois judeus se encontram na casa de banhos. 'Você já tomou uma ducha hoje?', pergunta um deles; e o outro lhe responde, 'Como assim, está faltando alguma?'" (Freud, 1905/2004i, p. 48, tradução nossa). Nesse jogo de palavras, podemos ver que a segunda pergunta depende inteiramente da primeira ter sido feita a partir do verbo *tomar*. Se a primeira pergunta fosse: "Você se banhou hoje?", a segunda não teria sentido, não haveria mais o contexto para ela existir e, portanto, não caberia aí um chiste bem-sucedido.

Apesar de a primeira pergunta não apresentar uma intenção necessariamente chistosa, ela é imprescindível tal como foi formulada para que da segunda pergunta seja extraído um chiste. Ou seja, o chiste envolve uma *forma*, que por sua vez determina seu conteúdo, o sentido do chiste. É então necessária a conjunção entre as sintaxes das duas perguntas para que exista um novo contexto semântico, diferente do contexto inicial que, neste caso, se deve à utilização de uma mesma palavra que tem seu sentido pleno e logo em seguida esvaziado.

O chiste, apesar de se servir de mecanismos do sonho, como condensações e deslocamentos, não necessita de disfarces como os sonhos ou como a obra de arte, pois não atua como um compromisso entre sistemas psíquicos distintos. O chiste bem pode disfarçar um sentimento agressivo implícito, que, se estivesse explícito, poderia causar desconforto ou desprazer, mas que num contexto chistoso suscita prazer tanto em quem o formula como no ouvinte.

Como se dá o funcionamento desses mecanismos psíquicos pelos quais se obtém prazer na formulação do chiste? Freud afirma que o processo psíquico incitado no ouvinte é o mesmo para quem o formula: "o obstáculo externo que deve ser superado no ouvinte corresponde a um obstáculo interno em quem promove o chiste" (Freud, 1905/2004j, p. 128, tradução nossa).

Independentemente da técnica, Freud classifica os chistes, de acordo com seus fins, como tendenciosos ou inocentes. O chiste inocente tem um fim em si mesmo, já o chiste tendencioso está a serviço do propósito de atingir um interlocutor, isto é, assim que o interlocutor é atingido pelo jogo de palavras, a meta do chiste foi alcançada. Segundo Freud, essa atividade, que pode se dizer *estética*, se encontra a serviço de mecanismos psíquicos que visam apenas obter prazer, seja esse último "intelectual ou outro" (Freud, 1905/2004i, p. 128.). Ora, de acordo com Ricoeur, é nesse texto de 1905, *O chiste e sua relação com o inconsciente*, que Freud transpõe pela primeira vez de sua teoria das pulsões, seu conceito econômico de "*prazer preliminar* à estética" (Ricoeur, 2008, p. 234), isto é, o prazer que antecede o desencadeamento de um prazer posterior e de maior intensidade. No chiste temos o riso como exemplo de um prazer posterior e mais intenso.

O chiste inocente promove um prazer moderado, em comparação ao do chiste tendencioso, que se beneficia do fato de ter uma tendência que submete o chiste aos fins das pulsões da vida anímica "por meio do prazer preliminar para produzir um prazer novo, em que há o cancelamento da repressão" (Freud, 1905/2004i, p. 131, tradução nossa). A tendência do chiste possibilita a satisfação de uma pulsão, seja "concupiscente ou hostil", seja por contornar a censura que se interpõe entre a pulsão e fontes de prazer que antes se encontravam inacessíveis.

Vimos que para Freud o pensamento inicia-se como um modo de "contornar" um ato motor que não é estritamente necessário. Assim, podemos nos referir ao chiste ele mesmo como um "contorno" da censura, como uma suspensão desta, que, portanto, deixa de existir, ao menos temporariamente.

Essa reflexão de Freud é precedida de uma longa tradição crítica sobre o chiste, tradição essa que surge com o Romantismo alemão. Para o filósofo e crítico alemão Friedrich Schlegel, o chiste é definido como "uma explosão do espírito estabilizado" (Schlegel, 1997, p. 34). A letra é definida como um espírito fixado, e "ler significa libertar o espírito estabilizado, portanto, uma ação mágica". Essa definição, por sua vez, nos remete a este fragmento de Novalis: "o mundo é um pensamento *estabilizado*. Se algo se consolida, os pensamentos se tornam livres. Se algo se dissolve, os pensamentos se estabilizam"[5] (Schlegel, 1997, p. 169).

Para alguns autores contemporâneos de Freud, o chiste pode ser definido como algo cômico e inteiramente subjetivo, que parte de uma provocação consciente proveniente da intuição ou da situação; como um modo de abordagem do cômico ou, ainda, como um enlace entre duas representações contrastantes entre si. Diferentemente desses autores, Freud, aproximando-se da crítica romântica, em vez de definir o chiste, comenta o que considera mais relevante num enunciado chistoso, a saber, evidenciar algo que se encontra oculto ou escondido ou, ainda, revelar um sentido outro existente por trás do jogo de palavras que não necessariamente obedece à lógica ou aos "hábitos" do nosso pensar.

Quando temos a expressão dos pensamentos no discurso, conforme o que é dito por Freud, podemos fazer inferências sobre os nossos desejos em intervalos ou lacunas existentes neste discurso consciente. Tais intervalos ou lacunas dão mostras de uma *inconsciência*, isto é, que de dentro do discurso "lógico", normalmente de maneira despropositada, emerge um outro discurso com significado diverso e que diz respeito a um outro sistema psíquico, o inconsciente. Esse intervalo no discurso consciente funcionaria então como um "mergulho" do pensamento no inconsciente, que, por sua vez, resgata modos de trabalho próprios desse sistema.

5 Quem nos remete ao fragmento de Novalis é Márcio Suzuki, o tradutor de Schlegel.

Dessa mesma maneira funcionariam os chistes e os atos falhos, como uma suspensão da barreira da censura e um mergulho dos pensamentos conscientes no sistema inconsciente.

Se em Schlegel temos um espírito fixado pela letra e sua liberdade a partir da leitura, em Freud podemos relacionar essa fixação à já referida *repressão primordial*, a partir da qual a pulsão segue fixada ao seu representante. Essa fixação, na medida em que liga o espírito à letra, produz a repressão ou a inibição do desenvolvimento do afeto, ou seja, uma inibição do aumento de excitação e, consequentemente, do desprazer. Mas se temos que a leitura liberta o espírito, isso se dá pela possibilidade de consciência que essa repressão inaugura, isto é, a separação entre os sistemas inconsciente e pré-consciente. Podemos agora comparar a definição de chiste para Schlegel, como "explosão do espírito estabilizado", a essa suspensão da barreira da censura entre os sistemas para que os pensamentos possam mergulhar no inconsciente, isto é, à explosão ou à dissolução de uma separação entre os sistemas ou da própria estabilidade. E assim como para Novalis o mundo mesmo é "pensamento estabilizado", para Freud algo deve ser inicialmente reprimido para que os pensamentos se tornem livres. Se algo se dissolve, os pensamentos se estabilizam na inconsciência.

Se a censura interna regula o que passa de um sistema a outro, isto é, seleciona o que pode ou não irromper na consciência, sua presença significa uma inibição psíquica constante, que implica um grande dispêndio de energia relacionada a uma economia psíquica de ordem quantitativa. Dessa maneira, quando se tem uma suspensão da censura interna junto com a barreira externa da cultura, a energia psíquica é poupada, gerando assim "uma diminuição do gasto com o trabalho psíquico" (Freud, 1905/2004i, p. 115, tradução nossa): houve uma obtenção de prazer, ainda que de um modo negativo, por um gasto que não ocorreu. "Por um lado, o chiste pode produzir, no curso do seu desenvolvimento, no estágio do jogo (vale dizer que na infância da razão), essas condensações prazenteiras; e, por outro, em estágios mais elevados consuma-se essa mesma operação mediante um mergulho do pensamento no inconsciente" (Freud, 1905/2004i, p. 162, tradução nossa).

O chiste, além de promover uma suspensão da barreira da censura e um alívio do gasto psíquico, promove também o resgate de modos infantis de obtenção de prazer. O pensamento consciente busca nos pensamentos infantis inconscientes aquilo que um dia foi fonte de prazer, ou melhor, busca o prazer a partir de um mesmo modo de trabalho do pensamento infantil, que um dia foi fonte de prazer. Dessa maneira, a acomodação de um sistema ao outro desencadeia um prazer preliminar e, assim que são acessadas fontes antes inacessíveis, ou infantis, há o resgate de um prazer mais profundo, que poderíamos chamar de *efetivo*.

Um bom exemplo é o do chiste inocente, em que o jogo de palavras serve mais à acomodação da nossa postura psíquica ao *som* do que propriamente ao *sentido* da palavra. Toma-se a palavra (*representação-palavra* – *Wortvorstellung*) no lugar do significado dado pelas relações que se tem com as coisas (*representação-coisa* – *Dingvorstellung*), isto é, tomamos palavras como coisas. É o caso do exemplo dado por Freud, em que uma menina de três anos e meio adverte o irmão para que ele não coma muito, caso contrário deverá tomar "*Bubizin*". A mãe das crianças, sem entender, lhe pergunta: *Bubizin?* A menina explica que quando ficou doente teve de tomar *Medi-zin* (*Mädi* em alemão é menina e se pronuncia "Medi") e, portanto, o menino teria então que tomar *Bubi* (menino em alemão) – *zin* (remédio para menino). Essa contração de palavras revela uma coincidência entre o texto e o conteúdo que acaba por produzir um "abuso da palavra, um disparate" (Freud, 1905/2004i, p. 176, tradução nossa).

Nos chistes inocentes também há uma contenção do gasto psíquico, mas de maneira um pouco distinta do chiste tendencioso. Ao serem contraídas, palavra e coisa, Freud observa uma inclinação para utilização de um mesmo sentido para unidades fonéticas iguais ou semelhantes (Freud, 1905/2004i, p. 15), um "curto-circuito" de sentidos que se deslocam de uma esfera de representações a outra distinta. E quanto mais *alheias* entre si as esferas de representações que se encontram conectadas por uma mesma palavra, maior será o prazer obtido, pois quanto mais distantes estiverem, maior será a economia dispensada. A economia se deve também a uma suspensão da inibição somada à diferença de gasto psíquico que é eliminado pelo riso, o que leva Freud a considerar na ingenuidade uma variante do cômico e, consequentemente, uma fonte de prazer. Também nos chistes tendenciosos hostis podemos considerar o cômico. Rir à custa do inimigo pode abrir caminho para alcançar fontes de prazer inacessíveis por uma via de agressão explícita ou consciente.

Podemos pensar que um chiste que se vale do cômico pode renunciar ao prazer preliminar, pois a comicidade produz algo semelhante a este último produzido por outros recursos do chiste. O riso provocado pelo cômico acaba por aliviar a atenção consciente de maneira automática e tem, ademais, um efeito pleno quando resulta em algo novo, surpreendente. Algo cômico pode então ser produzido nas relações sociais como um traço que não é buscado nem esperado, pode aparecer nas pessoas em seus gestos ou em seus traços de caráter. Os recursos utilizados para alcançar o efeito cômico residem na imitação, no desmascaramento, na caricatura, no disfarce ou em outros métodos. No entanto, diz Freud, "é muito mais fácil sondar o efeito cômico da caricatura que o da imitação, pois a caricatura, a paródia e o disfarce, assim como sua contrapartida prática, o desmascaramento, se dirigem a pessoas e a objetos que reclamam autoridade e respeito e são sublimes em algum sentido" (Freud, 1905/2004i, p. 190, tradução nossa).

A caricatura como gênero artístico talvez seja o que mais se aproxima do chiste. Foi estabelecida na pintura apenas após o século XVI, com os irmãos Carracci, em Veneza (Kris, 1952, p. 189). A caricatura envolve principalmente a técnica da imitação, mas não uma imitação na tentativa de retratar o objeto como ele é, mas de extrair suas principais *características*, isto é, revelar a essência numa outra forma. Na caricatura, o cômico e, consequentemente, o prazer provêm justamente dessa revelação, do exagero das características, da disparidade entre aquilo que é retratado e o objeto propriamente dito.

Na arte da imitação, porém, observamos a obtenção de prazer devido à disparidade entre o objeto imitado e o objeto da imitação. Essa consideração remonta ao ensaio de Adam Smith sobre as *artes imitativas*:

> *na pintura, a superfície de um determinado gênero não deve apenas se assemelhar à superfície de um outro gênero, mas às três dimensões de uma substância sólida. Na estatuária e na Escultura, uma substância sólida de um determinado gênero deve se assemelhar a uma substância sólida de outro, sendo a disparidade entre o objeto de imitação e o objeto imitado muito maior em uma arte que na outra; e o prazer proveniente da imitação parece ser proporcionalmente maior, quanto maior for a disparidade entre eles. (Smith, 1795/1982, p. 179, tradução nossa)*

É interessante notar que tanto na obra de arte, que bem pode ser uma caricatura, como no chiste o prazer obtido não se dá propriamente pela semelhança, mas, ao contrário, pela disparidade entre representações ou entre diferentes gêneros artísticos, como se a comparação feita entre diferentes *formas* revelasse algo novo e inesperado, uma nova forma. Talvez possamos dizer também que o prazer associado à revelação de uma nova *forma* se deve mais à *criação*, à *invenção* de algo novo do que apenas ao desvelamento de algo oculto. Gombrich defende a ideia de que há uma revelação tanto para o artista plástico como para aquele que observa ou ouve: "insisto que o artista é um descobridor (*discoverer*). Assim como o chiste é descoberto na linguagem, também os mestres de outros meios artísticos encontram seus efeitos prefigurados na linguagem do estilo" (Gombrich, 1984, p. 109, tradução nossa). É da revelação de algo que se encontra oculto de uma determinada forma que vemos emergir uma forma original, uma invenção, uma criação, que por meio da mesma linguagem se desdobram significantes, isto é, estilos.

Já para Goethe, o artista, ao imitar a natureza, deve "[a]o estilo [que] repousa sobre a essência das coisas, na medida em que lhe é permitido conhecer a essência, em formas visíveis e apreensíveis" (Goethe, 2006, p. 65). Dessa maneira, na imitação, o artista se apropria do código que irá desvendar; consegue extrair, seja da natureza, seja da arte pela manipulação dos seus próprios meios, como linhas, cores, volumes e outros, uma regra que acaba por conduzi-lo à invenção da obra de arte. Comentando esse ponto, Panofsky, em *Idea: a evolução do conceito de belo* (1994), acrescenta que, para Platão, uma das causas da obra de arte seria o modelo ou a ideia: seria "aquilo que o artista olha a fim de executar a obra que projetou; mas é indiferente que esse modelo seja exterior a ele e que possa assim dirigir-lhe seus olhares". O artista encontra no modelo a ideia ou a forma, por isso, aquilo que "toma emprestado do modelo e introduz na sua obra é o *idos* (*eidos* = forma)" (Panofsky, 1994, p. 25). O artista, ao realizar uma imitação, se apropria de um princípio, de uma regra, que é, por sua vez, a revelação de uma forma.

Se na imitação artística ou na caricatura temos a apropriação de uma forma que é também conteúdo, é possível reconhecer no chiste bem-sucedido o conteúdo a partir da forma ou, "para usar uma terminologia tradicional, a piada (o chiste) simplesmente não nos permite separar forma de conteúdo" (Gombrich, 1984, p. 107, tradução nossa). Revela-se assim um princípio que é por sua vez uma forma que designa, tão somente, dentro de um contexto global, outra forma, ou seja, dentro de uma antiga forma é criado algo novo indissociável da forma original.

No chiste, essa nova forma é criada. Por exemplo, na piada de Freud sobre os judeus na sauna ocorre uma mudança do acento psíquico anteriormente implicado à expressão, por isso, tomar uma ducha ganha outro sentido que acaba por deslocar todo o contexto da pergunta inicial: "O que é novidade pode nos ocupar em várias direções. . . . Na técnica do deslocamento, o essencial é que há um desvio da ilação de pensamento, o deslocamento do acento psíquico para um tema diferente daquele que havia sido começado" (Freud, 1905/2004i, p. 50, tradução nossa).

A mudança do foco da atenção que é dirigida aos diferentes segmentos de uma composição faz com que haja um deslocamento psíquico, isto é, uma mudança de sentido entre os segmentos com reinterpretação destes, e, consequentemente, uma mudança de sentido da própria composição, transformando-a em um chiste, que por si mesmo já é uma nova composição.

Em sua 11ª conferência, sobre o trabalho do sonho, Freud comenta a respeito do deslocamento no sonho que pode se exprimir de duas maneiras:

> *em primeiro lugar, um elemento latente é reempregado, não por um de seus próprios elementos constitutivos, mas por algo mais distante, portanto, por alusão; em segundo lugar, o deslocamento transfere o acento psíquico de um elemento mais importante para um menos importante, de modo que o sonho recebe outro enfoque e pareça estranho. (Freud, 1916-1917/2003a, p. 158, tradução nossa)*

Como vimos, a essência do chiste é a técnica que se vale dos mesmos mecanismos do sonho, ou seja, a partir de mecanismos inconscientes que participam da formulação do chiste, revela-se, pela suspensão da barreira da censura, um conteúdo latente e que só pode ser compreendido uma vez formulado o chiste. Também no sonho o conteúdo latente só é revelado após a interpretação do conteúdo manifesto, só pode ser interpretado depois que o sonho já ocorreu. A mudança do acento psíquico também faz com que a expressão de algo que não é importante ganhe destaque, bem como algo da maior importância tenha uma expressão diminuta.

Temos um exemplo dessa mudança no acento psíquico com outro chiste de banhos entre os judeus da Galícia: "o mesmo judeu que perguntou se faltava alguma ducha encontra-se novamente com o outro diante da casa de banhos e suspira: mais um ano se passou..." (Freud, 1905/2004i, p. 75, tradução nossa). Neste caso, a importância atribuída ao banho se faz de maneira invertida, porque, pela expressão, o banho parece ser algo importante, mas de modo irônico. O que está sendo ressaltado é a expressão oculta capaz de inverter o sentido da frase: "mais um ano se passou", sem que nenhum banho tivesse sido tomado. Nessa distorção do valor atribuído aos elementos da frase o que é mais relevante está implícito, ou aparece como se não fosse importante, o que é um mecanismo característico do inconsciente. No discurso consciente, o sentido da frase se torna irônico, revelador de algo inesperado e, portanto, novo.

Na obra de arte também podemos observar a revelação de uma nova forma, mas, diferentemente do chiste, essa nova forma não se encontra implícita ou latente, está disfarçada.

> *As ficções artísticas se apresentam frequentemente como realizações do desejo que só são compostas com alguma inibição, como, por exemplo, os contos de fadas. Mesmo em caso de um desejo reprimido – para Freud o motor essencial da criação artística é a realização fantasmática do desejo, ela contorna uma inibição, sem ocultar, mas vela a informação: ela é trans-formação, o disfarce que descreve Freud (Memmi, 1996, p. 74, tradução nossa).*

Arte e sonho: linguagem e expressão

A expressão da obra de arte (com exceção da música), bem como a do sonho, é pictórica ou figurada, modo este característico dos processos inconscientes. No entanto, segundo Sarah Kofman, "para Freud, o sonho não seria propriamente uma linguagem, mas uma escritura figurativa, cujos signos devem ser sucessivamente transferidos para os pensamentos dos sonhos" (Kofman, 1985, p. 53, tradução nossa). Nos sonhos, tudo o que pertence à expressão verbal é convertido em expressão pictórica: "a representação nos sonhos é principalmente de imagens e não de palavras, vemos ainda que é mais apropriado comparar os sonhos a um sistema de escritura que a uma linguagem" (Freud, citado por Memmi, 1996, p. 75, tradução nossa).

Além de tomarmos o sonho como um sistema de escritura, podemos dizer também que ele é um produto psíquico inteiramente antissocial e não quer comunicar nada a ninguém. Nas palavras de Freud: "nasce dentro de uma pessoa como compromisso entre as forças anímicas que nela combatem, e ainda assim pode permanecer incompreensível para aquele que sonha" (Freud, 1905/2004i, p. 171, tradução nossa). Isso porque a escritura do sonho, ao ser apresentada sob a forma de imagens, deve ser decifrada, pois se vale dos mecanismos de deslocamento e condensação e reemprega a própria expressão verbal. Segundo Ricoeur,

> *a figuração em imagens visuais não esgota o sentido dessa Darstellbarkeit (possibilidade de apresentação), estende-se às próprias expressões verbais, que são reconstituídas por essa capacidade de figuração, na plenitude de seus recursos polissêmicos e no jogo de suas ambiguidades. Isso leva Freud a dizer que a linguagem é conduzida à riqueza da antiga escritura hieroglífica. (Ricoeur, 1965, p. 236, tradução nossa)*

Assim como o deslocamento e a condensação, a figuração da disposição dos elementos que aparecem no sonho também é um mecanismo característico do inconsciente. Tudo o que diz respeito à consciência é convertido, durante o sonho, no que poderíamos chamar de uma *escritura inconsciente*, exclusivamente pictórica, que seria "a terceira operação do trabalho onírico, é a mais interessante do ponto de vista psicológico e consiste na transposição de pensamentos em imagens visuais" (Freud, 1916/2003a, p. 158, tradução nossa).

Uma outra comparação é estabelecida por Émile Benveniste entre o simbólico do discurso e alguns procedimentos típicos da subjetividade manifesta no discurso.

Na linguagem podemos precisá-la: seriam os dispositivos estilísticos do discurso, pois no estilo, muito mais do que na língua, é que encontraríamos um termo de comparação com as propriedades que Freud têm mostrado como signaléticas da 'linguagem' onírica" (Benveniste, 1966, p. 86, tradução nossa).

Isto é, assim como o estilo que possui suas figuras de linguagem, o inconsciente se valeria de uma verdadeira "retórica" ao apresentar seus elementos de maneira figurada, deslocada e condensada, ou seja, como figuras de linguagem de uma escritura que são reveladas após o mecanismo de interpretação.

Contudo, é interessante notar que nessa escritura peculiar não há regra de composição e de disposição lógica como a da consciência; as imagens obedecem a uma disposição singular a cada sonho. As cenas são particulares e não formam uma relação constante entre elas nem mesmo entre as suas partes. Ou seja, não compõem uma linguagem como numa sequência discursiva em que as palavras obedecem às regras gramaticais ou mesmo como num quadro, em que a disposição das imagens depende das regras do desenho e da pintura. Cada sonho apresenta uma disposição única de suas imagens, a cena é composta de modo a formar um compromisso entre os desejos inconscientes e aquilo que pode passar pela censura ao ser lembrado conscientemente. A figuração seria, portanto, uma espécie de disfarce, mas que não obedece a uma regra específica que determina sobre quais imagens esses mecanismos devem agir: "deslocamento e condensação oníricos operam na mudança do material de pensamentos latentes em conteúdo manifesto, exercem influência na seleção do material que chega ao sonho" (Freud, 1900/2004g, p. 316, tradução nossa). Da atuação desses mecanismos, sabemos que as contradições são explicitadas como uma disparidade na própria cena e que os elementos mais relevantes para o sonhador lhe aparecem muitas vezes turvados ou na forma de lapsos, mas não há uma regra que determina qual imagem se encontrará obscurecida ou, ainda, quais cenas expressarão a contradição no sonho. O que se tem como regra é que os elementos recentes da vida diurna do indivíduo aparecem com muita frequência no sonho, na qualidade de substitutos de elementos mais antigos, porque "são os que menos temem a censura da resistência" (Freud, 1900/2004o, p. 556, tradução nossa). Mesmo supondo que os restos diurnos normalmente transpostos para os sonhos sejam muito similares às impressões diurnas, elas não aparecem conforme uma ordem no sonho, mas aparecem de maneira aleatória e só podem ser postas em relevância, numa ordem discursiva, após o processo de interpretação do sonho manifesto.

Por isso, o desvelamento dos elementos oníricos que se encontram sob o efeito desses mecanismos inconscientes só pode ocorrer depois da interpretação de cada sonho particular, motivo pelo qual, de acordo com Birman, Freud propõe que o sonho seja como uma "escritura cifrada" e desenvolve o método psicanalítico do deciframento de modo que

> *os signos não mais se remetam a nenhum sentido fixo, mas a uma diversidade de significações. O sentido específico de cada signo fica na estrita dependência da combinatória de todos os signos presentes no sonho. O contexto da "escritura cifrada", cujo deciframento exige considerar a priori cada fragmento-signo como uma representação complexa, remeteria simultaneamente a uma série de outros fragmentos-signos do mesmo sonho e a uma série de outros fragmentos-*

> *-signos da experiência histórica do sujeito. Apenas assim podem ser rigorosamente decifrados o sentido singular de cada fragmento-signo do sonho e sua combinatória específica. Enfim, a "escritura cifrada" do sonho quer dizer algo singular a respeito do sujeito que sonha, remetendo tanto ao momento passado da sua história quanto à atualidade de sua experiência psíquica. (Birman, 1991, p. 79)*

A forma final do sonho depende então das condições psíquicas daquele que sonha, e a composição do sonho tem como determinante as vivências infantis e os restos diurnos provenientes das vivências atuais, sem que estas formem propriamente uma sintaxe, sem que a partir dessas memórias seja estruturada uma linguagem. Podemos mesmo dizer que não apenas a linguagem verbal é remetida à riqueza da antiga escrita hieroglífica, mas o próprio sonho. Como nos diz Freud, "uma oportuna analogia do estranho comportamento do trabalho onírico nos oferece o desenvolvimento da linguagem" (Freud, 1916/2003a, p. 163, tradução nossa),[6] a respeito de representações que condensam significados antitéticos, por exemplo, na escrita do Egito antigo. A escrita hieroglífica antiga, segundo Kristeva, é uma "escrita que possui signos que estão longe de formar um alfabeto" (Kristeva, 1981, p. 71, tradução nossa), apresentam traços eminentemente fonéticos e suas figuras eram utilizadas de modos diferentes: como signo-palavra em que o signo significa concomitantemente conceito e palavra, como veículo sonoro e como um determinativo, isto é, como imagem que evoca uma noção.

---

6 O exemplo dado é a palavra *Ken*, que significa forte e débil ao mesmo tempo, que na escrita hieroglífica carrega juntamente a imagem de um homem erguido para designar forte e um homem agachado para designar débil.

Em relação a esse assunto temos em Condillac e em Diderot uma abordagem de que a escrita hieroglífica é emblemática, porque não linear e não discursiva.[7]

Condillac, no *Ensaio sobre a origem dos conhecimentos humanos*, nos diz que "era natural, ao falar de uma coisa, se servir do nome da figura hieroglífica que era referente à própria figura. Na origem dos hieróglifos da pintura, essas figuras pertenciam à linguagem corrente" (Condillac, 1746/1973a, p. 258, tradução nossa). Isso quer dizer que o som é revelado pela imagem e não por uma outra representação (palavra-sonora) correspondente. Além disso, tais figuras carregavam múltiplos significados, "podemos encontrar o sol, a lua e os astros também como representação de estados dos impérios, como reis, rainhas e outros grandes" (Condillac, 1746/1973a, p. 258, tradução nossa). Ainda segundo Condillac em sua teoria sobre a origem das línguas, os hieróglifos não eram o único modo de figuração; para ele, os homens tinham necessidade de justapor uma linguagem da ação (gesto) à de sons articulados e de falar apenas por imagens sensíveis. Esse modo de expressão figurada teria como consequência uma justaposição discursiva, isto é, um agrupamento espacial de figuras sem que essas apresentassem uma linearidade ou, ainda, sem que necessitassem de uma ordenação temporal como as diferentes partículas sintáticas num discurso verbal.

Diderot, na *Carta sobre os surdos e mudos*, apresenta a linguagem poética como um "*tecido de hieróglifos*"; a linguagem seria emblemática e, portanto, capaz de unir sensações e expressão, além de pensamento e expressão num todo indissolúvel:

7 Podemos dizer aqui que o emblema está sendo usado como símbolo, mas num sentido não romântico.

> *Perpassa no discurso do poeta um espírito que sensibiliza e aviva todas as suas sílabas. O que é esse espírito? Senti algumas vezes a sua presença, mas tudo o que sei é que é ele quem faz com que as coisas sejam ditas e representadas ao mesmo tempo, que comove; a imaginação as vê e o ouvido as escuta, e que o discurso não é mais apenas um encadeamento de termos enérgicos que exprimem o pensamento com força e nobreza, mas que é também um tecido de hieróglifos que se acumulam uns sobre os outros e que o pintam. Eu poderia dizer, nesse sentido, que toda poesia é emblemática. (Diderot, citado por Dobránszky, 1993, p. 164)*

Seja no sonho, seja na escrita hieroglífica ou na poesia, em qualquer forma em que se encontra uma escritura figurada tem-se a ausência de uma determinação e ordenação temporoespacial dos elementos da linguagem, desse modo há uma ausência do encadeamento verbal. Em um discurso verbal, o sentido das palavras se deve ao contexto em que estas se encontram, ou seja, o conteúdo é determinado pela forma do texto. Já para um modo figurado de expressão não há uma determinação de seu significado pela disposição das imagens, uma vez que essas compõem uma cena única que ocupa um único momento. Os sentidos da disposição das imagens, tanto no sonho como na expressão figurada, só são revelados por um trabalho posterior de interpretação.

Embora no sonho as cenas não componham uma linguagem, na obra de arte existem regras de ordenação de suas imagens, sejam essas de decoro, de escola, de época ou mesmo regras determinadas pela própria intenção do artista, portanto, a arte obedece a regras que determinam sua própria forma. Para Kofman, podemos tomar a linguagem da obra de arte como modelo para expressão onírica. A lógica do sonho é uma "arqueo-lógica" que movimenta os processos primários que regem o sistema inconsciente. Escritura antes da linguagem da razão, seu melhor modelo se encontra na escritura artística, irredutível, ela também obedece a leis estruturais próprias (Kofman, 1985, p. 54, tradução nossa).

A obra de arte, assim como o sonho, é a expressão disfarçada de desejos inconscientes do artista, mas ao contrário do sonho, que só diz respeito ao sonhador em termos psíquicos, a obra de arte deve ser aceita socialmente e pode ser tomada como um produto sociável. A expressão da obra de arte não envolve apenas uma regressão formal em termos lógicos como o sonho, que tem um caráter não verbal até mesmo de expressões que seriam verbais. Ela tem um modo de expressão específico, utiliza-se de um código de transcrição que provavelmente seria impossível em uma linguagem verbal, embora não seja pura expressão do inconsciente (Kofman, 1985, p. 55, tradução nossa).

Ao tomarmos como exemplo a pintura *A conversão de São Paulo,* de Caravaggio, vemos, segundo o estudo de Friedlander (1974, p. 26), que a luz do quadro não poderia ser proveniente da natureza, ela ilumina diferentemente os elementos e não possui um único foco, como se a ela fosse atribuído o não realismo do quadro do momento da conversão. E o modo como a luz é representada faz com que haja uma mudança do acento psíquico da cena, isto é, um deslocamento. Apesar do destaque dado a Paulo pela sua posição (no chão, ao lado do cavalo e à frente de um senhor que está logo atrás do cavalo), a branda luminosidade de ambos chega a estabelecer um contraste com o ventre do cavalo que é iluminado a ponto de refletir quase toda a luz incidente no quadro. Nossa interpretação é que, dessa maneira, o foco da atenção do observador é deslocado do homem a ser convertido e do seu conversor para a instantaneidade da própria conversão, ou seja, é deslocado para o milagre, para o momento que é mágico:

> *Ao tentar entender a psicologia e A conversão de São Paulo, de Caravaggio, é importante notar que o milagre reside mais no coração do homem que na figura externa da deidade que comanda desde as alturas. Como nenhuma fonte é indicada para aquela luz mágica, e como Cristo não se encontra visível, sua presença só pode ser inferida. Todo fiel que entrar na capela Cerasi, ciente da história de São Paulo, poderá compreender, ao ver o cavaleiro caído no chão junto ao grande cavalo, que a inexplicável luz que é proveniente do flanco do cavalo e sobre ele incide foi a causa da queda, e aquela voz, ainda não personificada, penetrou no coração de Paulo, cumprindo assim a conversão. (Friedlander, 1974, p. 26, tradução nossa)*

Se por um lado podemos comparar a obra de arte com o sonho por identificar alguns mecanismos deste último na própria técnica de expressão da primeira, por outro não podemos afirmar que a obra de arte é pura expressão do inconsciente, ela deve ser tomada como linguagem que possui uma sintaxe própria. Como o sonho, também ela expressa um compromisso e, portanto, não se encontra isenta da força psíquica que nela é investida nem da censura que sobre ela recai (Kofman, 1985, p. 57, tradução nossa).

A linguagem artística obedece a códigos e a regras de disposição e de composição, mesmo que estes últimos sirvam apenas para serem infringidos. A arte plástica tem uma sintaxe pictórica própria, compondo assim uma linguagem particular, que por sua vez só pode ser analógica à escritura do sonho. A analogia se dá entre os produtos, isto é, entre a obra e o sonho, não leva em consideração as causas desse produto, ou melhor, o artista ou o sonhador. Temos aqui expressões que são análogas entre si.

A expressão do artista se dá pela linguagem da obra de arte, uma linguagem apropriada tanto à censura e à consciência do artista como ao exterior social, que, no entanto, só diz respeito apenas a ela mesma. Linguagem que é, ela mesma, o princípio que encerra a regra na qual revela sua própria forma.

O simbólico no chiste e na arte

Se no chiste temos a reinterpretação de uma palavra ou de um dos segmentos e, portanto, a revelação de um sentido que se encontrava oculto como consequência de um deslocamento do acento psíquico dentro de uma mesma regra de apresentação, na obra de arte temos que uma nova forma é revelada ou criada como decorrência do deslocamento do acento psíquico de uma forma a outra ou, ainda, de uma linguagem a outra. Esse deslocamento do acento psíquico promove uma confluência dos pensamentos conscientes e inconscientes ou um mergulho do pensamento consciente no inconsciente. Essa confluência, por sua vez, tanto no chiste como na obra de arte, faz emergir de uma antiga forma ou outra forma, que acaba por recapitular o período infantil em que não havia ainda uma completa diferenciação entre os sistemas nem uma barreira da censura consolidada. Assim, pela recapitulação de um modo de funcionamento psíquico infantil, resgata-se também uma linguagem infantil na forma e no sentido, a linguagem simbólica.

Dessa maneira, vemos que a recapitulação do simbólico infantil, tanto na obra de arte como no chiste, deve-se à confluência dos pensamentos conscientes e inconscientes, bem como à própria revelação de um princípio que é também uma forma e, por conseguinte, uma invenção que produz linguagem. Todavia, trata-se de uma modalidade de linguagem que só diz respeito a si mesma, que carrega um sentido que caracteriza a si próprio.

O significado do chiste bem como o da obra de arte dizem respeito a si mesmos, não se referem a algo que lhes é exterior, eles simplesmente são. E, nesse sentido, são tomados como símbolo, como assim referido por Schelling na *Filosofia da arte* e na *Filosofia da mitologia*: "As Ideias na filosofia e os deuses na arte são o mesmo, mas cada qual é por si aquilo que é, cada qual uma perspectiva própria do mesmo, nenhum em função do outro, ou para significar o outro" (Schelling, citado por Torres Filho, 2004, p. 111).

6. A clínica, do simbólico ao alegórico

L'homme doit apprendre à éprouver de nouveau
qu'il est là pour lui-même. . . .
L'esprit de l'homme est un tout accompli en soi.

Moritz, citado por Todorov (1977), *Théories du symbole*

O método analítico desde os primórdios

*Temos desenvolvido a técnica da sugestão hipnótica, a psicoterapia baseada na distração mental, no exercício, na motivação de afetos adequados. Não menosprezo nenhuma delas, e em condições apropriadas as aplicaria. Se na realidade me circunscrevi a um único procedimento terapêutico, o método que Breuer chamou "**catártico**" e eu prefiro qualificar como "**analítico**", não foram senão motivos subjetivos que me fizeram decidir por ele. . . . A mim, é lícito asseverar que*

> *o método analítico da psicoterapia é o que tem efeitos mais penetrantes, o que permite ir mais longe, aquele pelo qual se consegue uma modificação terapêutica mais ampla do enfermo. . . . Posso aduzir [também] em seu favor que é o mais interessante, o único que nos ensina algo acerca da gênese e da trama dos fenômenos patológicos. (Freud, 1905[1904]/2003r, p. 249, tradução nossa)*

A partir do extrato anterior, proveniente da obra *Da psicoterapia*, de 1904 (Freud, 2003r), Freud já apresenta uma concepção bem delimitada tanto da técnica como dos fenômenos que envolvem o funcionamento e as disfunções psíquicas. Com relação à técnica de *análise*, distingue-a completamente da sugestão. Evoca uma comparação proposta por Leonardo da Vinci, a de que a pintura seria uma sugestão, e tanto na sugestão quanto na pintura haveria acréscimo, depósito, agregação. No caso da sugestão, ou da hipnose, pode-se mesmo "impedir a exteriorização da ideia patológica" (Freud, 1905[1904]/2003r, p. 250, tradução nossa). Já o método analítico é comparado ao ato de esculpir, de retirar, porque tem como meta eliminar a ideia patológica e "preocupa-se justamente com a gênese dos sintomas e da trama psíquica que engendram a ideia patológica" (Freud, 1905[1904]/2003r, p. 250, tradução nossa). A crítica mais veemente em relação à sugestão talvez seja a de que esta impeça o analista de entender o jogo de forças psíquicas, por exemplo, o papel da resistência à cura ou a resistência que os enfermos mostram ao aferrar-se à própria enfermidade.

Ao questionar a hipnose e a sugestão, Freud indaga Bernheim, da escola de Nancy, cujo resultado será posteriormente, em 1910, a própria formulação do conceito de transferência, "através do qual o discurso psicanalítico vai conseguir articular a exigência charcotiana de reconhecimento da singularidade do sintoma histérico e a racionalidade sugestiva de Bernheim. Para isto foi necessário, desde o início . . . constituir outra metodologia de leitura do sintoma, de modo a inseri-lo no registro do sentido" (Birman, 1991, p. 140).

A proposição da técnica analítica desenvolve-se embasada principalmente na convicção de que "o caráter inconsciente de certos processos anímicos" (Freud, 1905[1904]/2003r, p. 255, tradução nossa) seria o responsável pelos sintomas patológicos. Freud, em 1904, posicionava-se de acordo com Pierre Janet (ou a "escola francesa", como ele mesmo diz) de que a ideia inconsciente fixada (*idée fixe*) reconduz ao sintoma histérico. Se o sintoma é provocado por uma ideia fixada no inconsciente, isso ocorre porque inicialmente ela era consciente e, por causar desprazer à consciência, foi dela suprimida e continua a vigorar no próprio inconsciente. O que está em jogo, então, é que apenas o sintoma pode ser apresentado à consciência, e a causa deste foi o conflito gerado entre os sistemas psíquicos pela repressão da ideia. O reconhecimento dessa ideia, a partir do trabalho analítico, envolve a tradução de algo inconsciente em consciente e, como diz Freud, isso "só pode ter como resultado uma correção do desvio no sentido da normalidade e da supressão da compulsão que afeta a vida anímica do enfermo. O alcance da vontade consciente não vai além dos processos anímicos conscientes, e toda compulsão psíquica está fundada no inconsciente" (Freud, 1905[1904]/2003r, p. 255, tradução nossa). Dessa maneira, a psicanálise encontra no sintoma uma verdadeira expressão de forças envolvidas na trama psíquica. Um tipo de expressão que a seu ver carece de tradução na consciência para que haja uma acomodação verdadeira entre moções afetivas e seus representantes, não um compromisso penoso que reforça a compulsão inconsciente. De acordo com Birman, a interpretação freudiana dos sintomas histéricos está fundada numa imagem que o doente faz do próprio corpo, que por sua vez não se encontra subordinada à sua estrutura orgânica, anatômica e funcional. "O importante é notar de que maneira o histérico investe as diferentes partes do seu corpo e as interpreta como superfícies de significação" (Birman, 1991, p. 141).

Desde 1893, nos *Estudos sobre histeria*, Freud, conjuntamente com Breuer, afirmava que o "histérico padece na maioria das vezes de reminiscências" (Breuer & Freud, 1893-1895/2006c, p. 33, tradução nossa), ou seja, que a memória das vivências transcorridas no passado produz efeitos tão intensos quanto na época em que ocorreram, ainda que os enfermos de nada se lembrem ou se recordem de maneira muito vaga dessas vivências. Nessa época, os autores propuseram a existência de "algumas condições" (Breuer & Freud, 1893-1895/2006c, p. 35) para que a memória dessas vivências permanecesse tão viva sem sofrer o desgaste do tempo. Essas vivências não teriam sido *ab-reagidas* de um modo efetivo, o que quer dizer que, mediante um evento traumático, dependendo de sua natureza ou de seu contexto, seria suscitado um "estado anormal", que impediria o indivíduo de reagir adequadamente (Breuer & Freud, 1893-1895/2006c, p. 37).

O estado anormal ao qual Freud e Breuer se referem diz respeito à consciência: "um dos estados anormais de consciência em que são geradas representações patológicas" (Breuer & Freud, 1893-1895/2006c, p. 37, tradução nossa). Para esses autores, na histeria poderia ser observada uma cisão da consciência, como se existisse uma dupla consciência, ainda que rudimentar e, portanto, uma tendência ao surgimento de estados anormais que se referiram como "estados hipnoides" (Breuer & Freud, 1893-1895/2006c, p. 37). Justamente nesses estados, representações muito intensas são afloradas e têm seu conteúdo impedido de associar-se à consciência (primeira), mas essas poderiam se associar entre si e constituiriam "graus mais ou menos elevados de organização psíquica", uma verdadeira "*condition seconde*" (Breuer & Freud, 1893-1895/2006c, p. 41, tradução nossa).

Em uma histeria grave e com uma trajetória típica, observa-se então que nos estados hipnoides se formam conteúdos de representações que, ao serem suficientemente incrementados, se apoderam de "toda a inervação corporal e da existência do enfermo" até sua resolução (Breuer & Freud, 1893-1895/2006c, p. 41, tradução nossa). A partir dessas representações é que foi elucidado o processo de cura a partir de uma psicoterapia analítica. Segundo Freud e Breuer, ela (a psicoterapia analítica) "cancelaria a ação eficiente da representação originariamente não ab-reagida porque permitiria ao seu afeto correspondente, que fora confinado, realizar um *percurso* através da fala e, dessa forma, ao ser introduzida na consciência normal a representação poderia ser reintegrada à cadeia associativa" (Breuer & Freud, 1893-1895/2006c, p. 42, tradução nossa). Apesar da elucidação dos mecanismos de cura por esse procedimento terapêutico, os autores ressaltam que seu alcance limitava-se aos sintomas permanentes restantes de uma histeria aguda e a ataques histéricos agudizados decorrentes desses sintomas. Não se estenderia à histeria enquanto predisposição nem ao retorno dos estados hipnoides.

Durante o tratamento da paciente Elizabeth Von R., ocorrido em 1892, Freud nos relata que se depara com certa "resistência" ao tratamento empregado. Utilizava-se da técnica da "*mão sobre a testa*". A paciente era convidada a relatar tudo o que lhe passasse pela mente assim que o terapeuta tirasse a mão de sua cabeça e constatou que, particularmente com essa paciente, era necessário repetir a técnica muitas vezes até que ela pudesse lhe dizer algo, e que isso poderia ser uma indicação de que a paciente não queria revelar, por motivos diversos, o que lhe vinha à mente. Ele estava convicto de sua técnica, que envolvia a livre associação por parte da paciente após a retirada da mão sobre a testa, e com isso pensava na remoção do material patológico por extratos, o que o fez pensar numa "significação mais profunda" sobre as resistências à recordação que a paciente lhe apresentava, bem como passou a observar as ocasiões em que ela se mostrava resistente de maneira bastante chamativa (Freud, 1893-1895/2006d, p. 168).

Freud descobriu que essa resistência da paciente parecia servir como uma verdadeira *defesa* (*Abwehr*). Ela defendia-se da ideia de se encontrar enamorada de seu cunhado e, com isso, essa representação fora retirada da sua consciência, convertendo-se assim em uma excitação corporal. Como disse Freud, o trabalho de readmissão dessa representação reprimida na consciência "fora desconsoladora para a pobre criatura", daí a resistência à associação do grupo psíquico separado do restante do conteúdo da consciência (Freud, 1893-1895/2006d, p. 171, tradução nossa).

A tradução de algo inconsciente em algo consciente não é obtida sem uma "permanente resistência", pois, ao enfermo, é de algum modo menos desprazível a supressão de uma ideia penosa da consciência e a emergência de um sintoma do que o reconhecimento consciente dessa ideia. O processo de defesa se inicia quando uma ideia é inconciliável (*unverträglich*), isto é, quando uma representação não passa pela censura estabelecida pelas diretrizes das "representações já existentes no interior do ego"[1] (Freud, 1893-1895/2006e, p. 276, tradução nossa). A força psíquica, enquanto disposição do ego, ao desalojar uma nova representação também nega sua associação com outras representações conscientes. E é essa mesma força que, ao impedir a recordação da representação patológica, age como resistência frente à atitude do analista de buscar a ideia que o paciente não consegue se recordar.

1 Sobre a concepção de ego para Freud nesta época. Cf. Monzani (2005, p. 146).

"O trabalho do terapeuta consiste em superar essa resistência de associação mediante um trabalho psíquico do paciente" (Freud, 1893-1895/2006e, p. 276, tradução nossa). Já o trabalho do paciente envolve, além do esforço de orientar sua atenção para a recordação de algo esquecido, uma sinceridade para relatar aquilo que lhe vem à mente no momento em que o analista retira a mão de sua testa. A ideia (imagem/representação) que normalmente aparece não é a *representação patológica* recusada, mas uma representação que é uma ligação dentro da cadeia associativa e indica a direção por onde se deve prosseguir a busca. Dessa maneira, é interessante notar que:

> *os nexos que caíram no esquecimento logo convocam recordações que desde há muito estiveram subtraídas da associação. Apesar disso, são reconhecidas como recordações e fazem aflorar pensamentos que o paciente não reconhece como próprios, dos quais não se recorda ainda que admita o contexto em que aparecem como imprescindíveis. Nesse curso se convence de que tais representações e não outras bem poderiam produzir o encerramento da análise e o término dos sintomas. (Breuer & Freud, 1893-1895/2006e, p. 279, tradução nossa)*

Na época dos *Estudos sobre a histeria*, a análise partia dos sintomas, tinha-se como meta resolver um sintoma após o outro, de modo que a ausência de sintomas levaria ao término da análise. No entanto, Freud foi levado a abandonar esse método por achá-lo "inadequado à estrutura mais fina da neurose". Depois disso, a "técnica psicanalítica passou por uma mudança radical", os próprios pacientes determinavam o tema do trabalho cotidiano, e diante daquilo que lhe era oferecido de inconsciente acabava por destinar sua atenção. O que ressalta desde então é que o material a ser analisado até a solução do sintoma é "fragmentado e emaranhado em diversos contextos e distribuído em diversas épocas" (Freud, 1905/2003s, p. 11, tradução nossa), o que pode ser uma aparente desvantagem com relação ao método adotado, mas dessa maneira as resistências e a repressão encontram-se evidentes, como dúvidas, esquecimentos ou, ainda, como falsas recordações (Freud, 1905/2003s, p. 17).

"Esse estado em que se encontram as recordações relativas à história da enfermidade é o *correlato que exige a teoria*, o correlato necessário dos sintomas patológicos" (Freud, 1905/2003s, p. 17, tradução nossa). A história clínica só é revelada de maneira mais completa e congruente no final do tratamento, pois, ao ser contada pelo paciente, ela é na verdade recontada a partir das recordações, de criações que preenchem as lacunas de sua lembrança, de maneira fragmentada e muitas vezes fantasiosa. Também a história clínica obtida pelos pais e parentes próximos é quase sempre uma história fragmentada e desfigurada, o que nos remete ao modo como o sonho manifesto nos é relatado: "com conteúdo chocante para o pensamento desperto, com uma incongruência entre suas imagens-representações e os afetos ligados a ele e mutilado pelas recordações" (Freud, 1900/2004j, p 617, tradução nossa).

Assim como o sonho, é possível pensar na história clínica a encerrar um duplo sentido, isto é, um sentido outro encoberto pelo relato consciente. Freud propôs que o sonho, tal como aparece na lembrança, fosse chamado de *conteúdo manifesto*, e o material substituído pelo conteúdo manifesto, que envolve os pensamentos que suscitam o sonho, de *conteúdo latente*, e a transformação daquilo que está latente em manifesto, ou seja, o próprio sonhar, de *trabalho do sonho*. Podemos chegar, por um trabalho de análise, "perseguindo as associações livres, a partir de qualquer sonho, à cadeia de pensamentos" (Freud, 1900/2004j, p. 624, tradução nossa) que engendram os elementos manifestos do sonho. O trabalho de análise, seja da história clínica, seja do sonho, envolve uma *interpretação* de uma narrativa por parte do analista. Segundo Laplanche, a *Deutung*, que significa interpretação, é bastante realista porque envolve a existência (prévia) de um sentido que deve ser descoberto e não criado, o que implicaria a busca de um sentido no conteúdo latente que é, por sua vez, fundador daquilo que se manifesta, o que de alguma maneira conduz "ao obscuro pressentimento do sentido e à intuição, [a se tornarem] signos precursores desse trabalho de deciframento" (Laplanche, 1978, p. 23, tradução nossa). A interpretação ou o deciframento que se faz da narrativa manifesta já ocorre a partir de uma elaboração secundária, isto é, a interpretação é feita a partir de uma reordenação dessa representação manifesta. Desse modo, "para a psicanálise, interpretar significa em primeiro lugar desmantelar e colocar à mostra, de maneira radical, a organização do texto manifesto" (Laplanche, 1978, p. 26). Segundo Birman,

> *a inovação fundamental introduzida por este método de deciframento é que, no procedimento das associações livres, cada passagem de um elemento a outro, cada percurso no deslizamento minucioso através dos detalhes, cada caminho aberto nas ramificações das diversas cadeias associativas, é o próprio trabalho de interpretação. Esses procedimentos de fragmentação contínua não constituem apenas uma preparação para uma interpretação final que englobará todas as associações. São interpretações em si mesmas e, pelo próprio desdobramento do processo, conduzem progressivamente a outras interpretações. (Birman, 1991, p. 82)*

Se a narrativa obtida a partir do sonho ou da enfermidade deve ser decifrada para que se encontre nessas representações um outro sentido não explicitado, é também a partir de uma narrativa fragmentada da associação livre que se pode pensar em uma diversidade de interpretações engendradas em si mesmas. Isto é, cada elemento do sonho ou da história clínica já é em si uma interpretação daquilo que está latente e inconsciente e, ao ser apresentado, mutilado ou deslocado à consciência, suscita ainda outras interpretações.

Supomos aqui que Freud, ao perceber que a interpretação era o fundamento do método analítico, passou a buscar uma causa para os sintomas e não mais tentar resolvê-los um após o outro. O método assim como a cura dependiam do modo como era estabelecida a relação entre o paciente e o analista, ou seja, a busca de um duplo sentido ou de um sentido ocultado pelo paciente, ainda que por ele desconhecido, permitiu que a partir das resistências oferecidas em função da atenção dirigida pelo analista se estabelecesse uma espécie de intersubjetividade, ou, de acordo com a teoria psicanalítica, a transferência.

A intersubjetividade surge do enfoque dado àquilo que o analista julga relevante nas sucessivas cadeias associativas, o que quer dizer que uma história singular do sujeito, que se encontrava oculta, é revelada de acordo com as pontuações também singulares do outro sujeito.

Transferência: condição para o simbólico

Apesar de Freud ter concordado com Janet quanto à *idée fixe* em 1904, no caso Dora diz algo diverso: que a insistência de Janet em dizer que a *idée fixe* transposta no sintoma "não é mais que uma esquematização verdadeiramente lamentável" (Freud, 1905/2003s, p. 100, tradução nossa). Isso porque a teoria já se modificava conforme a metodologia da interpretação analítica. O processo de cura que envolvia a supressão do sintoma neurótico se tornava claro quanto às representações inconscientes: algumas dessas representações poderiam se associar a outras conscientes, tornando-se assim representações normais (ou aceitas pela consciência). Esse processo de supressão dos sintomas dependia essencialmente do fim da relação entre o analista e o paciente ou "quando já se dissolveram os vínculos com o médico" (Freud, 1905/2003s, p. 101, tradução nossa). Nas palavras de Freud,

> *No curso de uma cura psicanalítica, a formação de outros sintomas encontra-se suspensa (pode-se dizer, de modo regular), mas a neurose não se extinguiu de maneira absoluta, pois ela é reiterada por tipos particulares de formações de pensamento, na maioria das vezes, inconscientes, às quais podemos dar o nome de "transferências". (Freud, 1905/2003s, p. 101, tradução nossa)*

A descoberta do processo de transferência durante o tratamento de Dora é uma surpresa para Freud. Segundo seu relato do fragmento de análise, confessa que não domina a tempo a *transferência*. Primeiramente percebe que foi colocado no lugar de substituto do pai, mas posteriormente é surpreendido quando também se vê, por algum motivo, no lugar do homem amado, o senhor K., o que acaba por precipitar o final da análise, sem que a paciente tivesse reproduzido efetivamente suas recordações e fantasias em prol da cura de seus sintomas, mas tenha atuado com elas. A transferência seria o processo pelo qual moções e fantasias são reeditadas e recriadas no decorrer da análise; vivências passadas que não são propriamente revividas ou sentidas como tais, mas como vínculos atuais relacionados à figura do analista.

O processo de transferência no caso Dora é acompanhado de uma forte resistência ao tratamento, situação que será comentada posteriormente por Freud em *Sobre a dinâmica da transferência*, de 1912. Segundo Mezan, o que interessa saber é "por que a transferência se presta tão bem às finalidades da resistência"? Sua resposta a essa pergunta é direta: "os protótipos infantis exercem uma atração sobre as vivências presentes; o tratamento vai liberar a libido acorrentada a esses protótipos; quem opõe a resistência a ela são os protótipos mesmos, e a transferência obedece às finalidades da resistência porque reproduz uma maneira infantil de amar/odiar, ou seja, de investir em objetos" (Mezan, 1998, p. 258).

Talvez caiba aqui pensar não apenas sobre as finalidades da transferência, mas também sobre o processo, as condições em que aparece e sua própria expressão. "Toda vez que a investigação analítica tropeça com a libido suprimida em seus esconderijos não pode menos que desencadear um combate; todas as forças que causaram a regressão da libido e se elevaram como "resistências" ao trabalho analítico para conservar esse novo estado (de repressão)" (Freud, 1912/2004k, p. 100, tradução nossa).

Os investimentos libidinais feitos por um indivíduo dependem de um conjunto de disposições inatas ou adquiridas durante a infância que acabam por determinar o modo como esses investimentos irão ocorrer, isto é, de acordo com as metas, fixação e satisfação das pulsões sexuais, o indivíduo investe sua libido de maneira regular ao longo de sua vida, como se obedecesse a um clichê ou a um protótipo, como diz Mezan. No entanto, apenas uma parte desses investimentos está voltada para a realidade objetiva e encontra-se disponível para a "personalidade consciente"; a outra encontra-se completamente afastada da consciência, só pode se expressar nas fantasias ou, ainda, permanecer inteiramente inconsciente (Freud, 1912/2004k, p. 98). Quando a realidade objetiva não satisfaz a porção dessas moções que se encontra relacionada a ela há uma frustração da satisfação libidinal, tem-se um desvio na meta dessa satisfação para "representações-expectativa" (*Erwartungsvorstellung*) libidinosas, que podemos caracterizar como representações substitutivas.

Além da frustração da realização do desejo pela via da realidade, complexos de representações inconscientes muito fortes capazes de atrair a libido corroboram para que o investimento libidinal adote uma via regressiva e atinja "representações infantis". Tais complexos são compostos de representações, em parte inconscientes, que foram reprimidas e tornaram-se "muito intensas". Para que haja um processo de cura, é necessário cancelar a repressão que parte do próprio ego. No entanto, essa tentativa tem como resultado a "mais grandiosa resistência" (Freud, 1912/2004k, p. 101, tradução nossa). Uma resistência que também parte do próprio ego e que se encontra em função do princípio do prazer, pois a pulsão reprimida nunca cessa sua aspiração a uma satisfação plena ou ao desejo constante de recobrar a satisfação primordial, de modo que, numa tentativa dessa busca alucinatória do prazer, esbarra, justamente, com a repressão instaurada para que o reprimido não emerja e possa assim gerar desprazer.

Ainda que a repressão seja bem-sucedida e a moção pulsional, sufocada, quando isso não ocorre completamente há a liberação de um sinal de desprazer por parte do ego, bem como a retirada dos investimentos da agência representante de pulsão e o desprendimento de angústia. A despeito da repressão, a moção pulsional pode encontrar um caminho para a satisfação do desejo pela via do sintoma: "os sintomas servem à satisfação sexual dos enfermos, são um substituto dessa satisfação que lhes falta na vida" (Freud,

1917/2005g, p. 272, tradução nossa). Esse substituto desfigurado ("mutilado e deslocado"), de acordo com Freud, já não é reconhecível como satisfação e, se é consumado, não é capaz de produzir nenhuma sensação prazerosa, contrariamente, a ela se atribui o caráter de compulsão (Freud, 1926/2004a, p. 90).

Se o sintoma é um substituto desfigurado da satisfação sexual nos enfermos, podemos ver também que na situação de transferência o passado remoto e esquecido não é nem recordado nem revivido, mas reatualizado por vínculos atuais. Nesse processo também há a mobilização de circuitos de complexos inconscientes que, por estarem sob o jugo da repressão, só podem aparecer de maneira desfigurada, isto é, transferidos para a figura do médico ou para o âmbito da atualidade.[2] A transferência seria, então, uma modalidade de desfiguração, de compromisso que "manifestamente oferece as máximas vantagens . . . cujas constelações se encaminham para uma situação em que todos os conflitos têm que se liberar definitivamente no seu próprio terreno, isto é, no terreno da transferência" (Freud, 1912/2004k, p. 102, tradução nossa). Como nos diz Freud, "as moções inconscientes não querem ser recordadas [conscientemente], como a cura desejaria, mas aspiram a se reproduzir em consonância com a atemporalidade e a capacidade de alucinação do inconsciente" (Freud, 1912/2004k, p. 105, tradução nossa), isto é, num embate entre as moções pulsionais e a repressão, dentro do contexto analítico, o que se torna visível é a resistência.

---

2 Cf. Freud, S. Recordar, repetir y reelaborar (nuevos consejos sobre la técnica del psicoanálisis, II), In *Sobre un caso de paranoia descrito autobiograficamente* (Schreber); Trabajos sobre técnica psicoanalítica y otras obras (1911-1913), v. XII. Trad. José Etcheverry. Buenos Aires: Amorrortu Editores, 2004l, p. 152; Mezan, R. *Tempo de muda*: ensaios de psicanálise. São Paulo: Cia. das Letras, 1998, p. 258.

Em *Para além do princípio do prazer* (1920), Freud nos diz que o caráter regressivo das pulsões baseia-se na compulsão à repetição de determinadas ações. Essa tendência regressiva nada mais é que uma tendência de retornar ao estado anterior, o que para as pulsões de vida significa manter-se em atividade, enquanto para a pulsão de morte significa uma volta ao inorgânico. Para que o princípio do prazer se instaure, ou seja, para que o afeto seja descarregado até um nível mínimo, é necessário que tenha havido antes uma ligação primordial, uma retenção primeira desse afeto/energia, que foi possibilitada por uma tendência primitiva à ligação (*Bindung*). Essa tendência não se extingue com o surgimento do princípio do prazer, é verdade que depende dele e das moções vitais para se expressar, ainda que indiretamente, por via da compulsão à repetição: na transferência, nos jogos infantis e na agressão sádica.

O sintoma se deve a um processo de repressão incompleta, da qual temos notícias através do desprazer (pelo sinal emitido pelo ego) e da angústia; a representação é separada do afeto e é enviada ao inconsciente. O sintoma afirma sua existência fora da organização egoica e independente dela. Mas as associações entre ambos se encontram facilitadas devido à atração que exercem alguns setores dessa organização. Isso porque "o ego é uma organização que se baseia no livre comércio e na possibilidade do influxo recíproco de todos os seus componentes; sua energia dessexualizada revela, todavia, sua origem em sua aspiração à ligação e à unificação, e esta compulsão à síntese aumenta à medida que o ego se desenvolve mais vigoroso" (Freud, 1926/2004a, p. 94, tradução nossa). Dessa maneira, ao mesmo tempo que o ego atua repressivamente e luta contra o sintoma, ele erige resistências quando tenta atraí-lo para si e, de algum modo, incorporá-lo. O ego trata o sintoma como um representante do mundo interior que lhe é alheio, ou seja, como se fosse um representante do mundo exterior, mas o sintoma, à medida que se fortalece e exige um valor para si, "torna-se cada vez mais indispensável ao ego", por exemplo, quando se observa um benefício secundário na neurose. O sintoma vem ao encontro do ego e o auxilia na sua própria incorporação, o que leva então a um reforço e a uma fixação do primeiro (Freud, 1926/2004a, p. 95). Não é nossa intenção aqui continuar a explorar o embate do ego contra os sintomas, nem seus meios para fazê-lo, mas examinar mais de perto a situação compulsiva na transferência.

No processo de transferência também haveria uma tendência à ligação de moções antigas com novas representações ou representações de novos vínculos, ou seja, uma mesma tendência à ligação que antecede o princípio do prazer e se encontra a serviço da "moção dessexualizada" que observamos no ego. O processo de transferência é caracterizado como um "fragmento de repetição". E Freud nos adverte que "a transferência é apenas uma peça de repetição, e a repetição seria a transferência do passado esquecido, não apenas ao médico, mas também aos investimentos libidinais para os eventos presentes" (Freud, 1914/2004l, p. 152, tradução nossa).

> *No contexto da sessão de análise, a contrapartida da repetição seria uma recordação efetiva da história infantil, por meio de uma situação em que as resistências encontram-se praticamente abolidas, ou seja, uma situação de transferência "suave e positiva" que se aproximaria da hipnose. No entanto, mesmo em casos de transferência positiva, de sentimentos ternos,*[3] *é*

3 A transferência positiva pode se decompor em sentimentos ternos conscientes e inconscientes. Os primeiros em geral são sentimentos amistosos, mas que remontam, no inconsciente, a fontes eróticas. Afinal, tem-se como modelo de eleição de objeto um objeto sexual, que no inconsciente segue sendo-o sem causar estranheza à sua expressão terna e amistosa na consciência. Cf. Freud, S. Sobre la dinámica de la transferencia, In *Sobre un caso de paranoia descrito autobiograficamente* (Schereber); *Trabajos sobre técnica psicoanalítica y otras*

> *possível, no decorrer da análise, modificar-se em uma transferência hostil, negativa e, desse modo, erigir resistências à cura. Para o enfermo livrar-se, batalha por batalha, do conflito patológico, através das resistências que são reveladas na análise, ele necessita de um impulso poderoso que influencie sua decisão no sentido (por nós) desejado, levando-o assim ao restabelecimento. Do contrário sucederia apenas uma repetição do desenlace anterior e uma nova repressão daquilo que havia se elevado à consciência. (Freud, 1917/2005h, p. 405)*

"O impulso poderoso" mencionado por Freud seria justamente uma transferência positiva na análise com a qual é possível dar créditos ao analista e "repetir sua própria história genética, retornar ao amor que no início não necessitou de argumentos" (Freud, 1917/2005i, p. 405, tradução nossa). No entanto, se na situação analítica o analisado resiste à cura por uma *atuação* na transferência, o analista, por sua vez, tenta expor as resistências do primeiro, tornando-as conscientes, de modo que o analisado possa dominá-las e, posteriormente, narrar mais facilmente nexos e situações que já foram esquecidas ou mesmo construir situações que nunca conhecera. Com a eliminação das repressões é também possível eliminar as condições para a formação do sintoma e, portanto, uma mudança do conflito patológico para um conflito normal. Em uma situação em que a transferência positiva se torna muito importante, "não é incorreto dizer que não se trata mais da enfermidade anterior, mas de uma neurose recém-criada ou recriada que substitui a primeira", isto é, trata-se de uma *neurose de transferência*, cujos sintomas foram remodelados e já não carregam mais

---

obras (1911-1913), v. XII. José Etcheverry, Trad. Buenos Aires: Amorrortu Editores, 2004k, p. 103.

seu significado originário, foram transferidos ao analista e a fatos e vínculos atuais (Freud, 1917/2005i, p. 405).

Algumas situações desconhecidas do enfermo fazem parte de grupos de processos psíquicos que "como atos puramente internos, podem ser opostos às impressões e vivências" que pertencem às fantasias; moções pulsionais que nunca fizeram parte da consciência e por isso não podem ser tomadas como esquecidas e passíveis de lembrança (Freud, 1914/2004l, p. 151), mas apenas de uma possível *atuação*. Com isso, voltaríamos à repetição. Mas repete-se ou atua-se tudo o que aparece manifestamente daquilo que foi reprimido: "inibições, atitudes inviáveis, traços patológicos de caráter . . . e ainda, durante o tratamento, repetem-se todos os sintomas" (Freud, 1914/2004k, p. 153, tradução nossa). Numa situação analítica é possível observar que o *atuar* ou o repetir trazem para as relações do presente a própria amnésia infantil disfarçada de transferência. O modelo ou protótipo inconsciente, que não é passível de recordação, uma vez que nunca foi consciente, faz parte do curso do desenvolvimento psíquico tanto quanto uma lembrança consciente reprimida. De fato, não importa se alguns "nexos" foram conscientes e esquecidos ou se esses nunca passaram pela consciência, uma vez que se observa a atuação como uma compulsão à repetição a partir das mesmas atitudes e dos mesmos relatos, sejam estes lembranças ou construções fantasiosas de lembranças.

O que se pretende então no tratamento analítico é "dominar a compulsão à repetição e transformá-la num motivo de recordação por meio do manejo da transferência . . . transformar sua neurose ordinária numa neurose de transferência" (Freud, 1914/2004l, p. 156, tradução nossa), da qual o enfermo pode então ser curado pelo trabalho terapêutico.

As resistências formadas pela organização egoica são expressas na forma de *compulsão a repetição*; repete-se na transferência aquilo que já é bastante conhecido, ou seja, a constante tentativa de incorporar e afastar o sintoma; incorpora-se pela tendência primordial à ligação (a *Bindung*, que é condição para o princípio do prazer) e dele quer se livrar a partir do momento em que a energia aumenta e torna-se desprazível. A conquista terapêutica da suspensão das resistências se deve à exposição destas últimas ao enfermo e ao tempo necessário para que ele consiga nelas se enredar e reelaborá-las. Desse modo, a "transferência cria um reino intermediário entre a enfermidade e a vida em virtude da qual se cumpre o trânsito daquela para esta" (Freud, 1914/2004l, p. 156, tradução nossa). Esse reino intermediário possui as mesmas características da enfermidade, que, no entanto, é criado artificialmente. Desse modo, enquanto uma determinada forma é propiciada de maneira artificial, o conteúdo é baseado em "fragmentos do vivenciar real-objetivo" (Freud, 1914/2004l, p. 156, tradução nossa), o que garante ao processo "condições particularmente favoráveis" para que a repetição se estanque e se transforme em vivências efetivas de recordações.

Podemos dizer que esse espaço transferencial criado é o espaço simbólico do tratamento analítico, isto é, uma recapitulação do período simbólico infantil caracterizado por uma indiferenciação entre o que é consciente e inconsciente. No decorrer da análise, à medida que se instaura uma transferência positiva, pode haver uma suspensão das resistências, ou seja, é como se ocorresse um mergulho da consciência no inconsciente e, portanto, uma recapitulação do simbólico infantil que se dá não apenas pelo conteúdo afetivo que é transferido para vínculos e representações atuais, mas também pelo próprio discurso verbal dito pelo enfermo. Em sua associação livre apresenta o discurso de maneira consciente, mas a expressão de seus elementos é inconsciente, entrecortada, carregada de afetos, quase que desenhada, isto é, o paciente apresenta em seu discurso elementos que se encontram deslocados e condensados, como os elementos dispostos num sonho manifesto.

Ao tomarmos o simbólico da transferência, isto é, no sentido em que diz respeito a ela mesma e envolve uma finalidade em si mesma, temos que aquilo que a encerra em si mesma é a própria tendência à ligação que fora determinada pelo ego, seja ela de fragmentos de recordações, seja de fantasias infantis para a figura do médico ou para as situações atuais. Ao considerarmos o símbolo [num sentido amplo] do ponto de vista da atividade, reconhecemos nele notadamente que toda ação esgotada em si é ela mesma objeto ou matéria, na qual é ainda percebida como ação (Todorov, 1977, p. 258). Dessa maneira, consideramos a situação de transferência como uma ação que se esgota em si e que envolve uma repetição constante pela tentativa de ligação. Entretanto, essa atividade compulsiva pode ser interrompida na medida em que as interpretações e as construções analíticas das recordações evocadas ganham um sentido outro, melhor dizendo, recuperam o sentido original e com isso possam permanecer na consciência sob a forma de recordações que pertencem ao passado.[4]

Interpretação e construção de um discurso particular

Segundo Birman, "o material que o paciente oferece ao analista é absolutamente diverso dos demais. Com este ele sempre fornece o *texto*". Esse texto, por sua vez, indica "pré-textos" (ou textos subliminares) que o analista deve captar, adivinhar, intuir, ou seja, deve transformá-lo, pela interpretação num outro texto não imaginado pelo paciente (Birman, 1991, p. 178). Esse tipo de interpretação inclui o trabalho de atribuir um outro sentido, que também deve ser

4 Não mencionamos aqui contratransferência. Para saber mais sobre esse tema, cf. Birman, 1991, p. 191.

efetuado sob o processo de transferência (Birman, 1991, p. 191). Ainda nas palavras de Freud,

> *A interpretação dos sonhos, a destilação de pensamentos inconscientes a partir das associações do enfermo e outras artes semelhantes de tradução, são apreendidas com facilidade; o enfermo sempre nos oferece um texto para isso. Mas exclusivamente para a transferência, é preciso deduzi-la por conta própria. (Freud, 1905/2003s, p. 102, tradução nossa)*

Ainda que seja a partir do texto consciente fornecido pelo paciente que o analista extraia outros fragmentos de um texto subliminar inconsciente, é também a partir da transferência que se cria um espaço para que o analista possa utilizar a interpretação "para penetrar na estrutura do sujeito" (Birman, 1991, p. 194), em outras palavras, é a partir do deciframento da transferência que o analista consegue interpretar os protótipos de investimento libidinal.

Se anteriormente propusemos que um sentido simbólico encerrado em si mesmo pode ser observado na compulsão à repetição do processo de transferência e que o reencontro do sentido original da recordação seria a saída desse sentido simbólico, isso se deve à possibilidade de o símbolo tornar-se uma alegoria pelo processo de cura, ou seja, o símbolo desencerra-se de si para ganhar um sentido outro, o sentido escondido que se busca na análise.

A linguagem verbal, objeto de estudo linguístico, se baseia numa língua que apresenta uma sintaxe estruturada, de modo que o signo linguístico é dirigido a alguém e evoca para ele um objeto ou um fato na ausência desse objeto ou desse fato (Kristeva, 1981, p. 18). No entanto, o discurso verbal, para a psicanálise, é tomado como uma forma de expressão complexa que envolve o próprio texto, a ordem e o modo de exposição deste e, para além disso, qual o tipo de emoção ele suscita quando é expressado, ou seja, o discurso pode ser analisado espacialmente como um conjunto de figura e fundo inseparáveis. Segundo Kristeva, "a linguagem para a psicanálise é um sistema significante do inconsciente, acessível no sistema significante da língua consciente e em relação evidente com suas categorias, mas que a ela se superpõe ainda uma organização própria, uma lógica específica" (Kristeva, 1981, p. 266, tradução nossa), que pode ser tomada sintaticamente no plano da consciência e estilisticamente no plano do inconsciente.

O inconsciente, como texto subliminar de um texto consciente apresentado pelo paciente, não é em si mesmo comunicativo, tem de ser desvelado e transformado para que se torne apreensível. Assim como o sonho, que aparece ao sonhador como imagem e não como discurso, mas do qual podemos extrair um significado, o inconsciente também é dotado de sentido, mas "uma produção de sentido encerrado em si mesmo" (Monzani, 2005, p. 142), obedece a uma outra lógica, e, portanto, tem um sentido simbólico.

De acordo com Benveniste, o simbólico inconsciente se revela tanto de maneira infralinguística, ao se utilizar de signos que não se decompõem e comportam numerosas variantes individuais, como de maneira supralinguística, na medida em que se utiliza de signos extremamente condensados e que corresponderiam a grandes unidades do discurso verbal (Benveniste, 1966, p. 86). É desse modo que o simbolismo inconsciente pode ser comparado aos procedimentos estilísticos do discurso, pois, como a retórica, o estilo se serve de suas figuras de linguagem. No que diz respeito ao inconsciente, podemos supor que os elementos encontram expressão por meio dessas figuras de linguagem quando nos referimos aos mecanismos supralinguísticos. Isso ocorre na medida em que se valem de condensações, deslocamentos e figurações capazes de não apenas modificar o tom, mas inclusive alterar a estrutura do discurso consciente. Os elementos inconscientes, ao exigirem uma expressão consciente, seriam capazes de modificar a própria estrutura sintática do discurso verbal, "a língua forneceria, assim, o instrumento de um discurso onde a personalidade do sujeito se liberta e se cria, toca o outro e se faz reconhecer por ele" (Benveniste, 1966, p. 78, tradução nossa).

É, portanto, nessa expressão consciente, forçada pelos elementos inconscientes, que encontramos o fundamento da interpretação analítica freudiana. Nela é possível observar, como nos diz Kristeva, "uma autonomia relativa do significante sob a qual se insinua um significado que não se encontra necessariamente incluído na unidade morfofonológica tal como se apresenta no enunciado comunicado" (Kristeva, 1981, p. 267, tradução nossa). Ainda que essa autonomia seja relativa, pois o significado não é completamente independente do significante original, o significante se desdobra em outros significantes que veiculam significados ligados ao inconsciente, encobertos pelo que foi comunicado conscientemente.

Como vimos, cabe ao analista descobrir o significado presente em cada sessão de análise. Cabe também a ele observar as relações estabelecidas nessa cadeia significante que se desdobra numa espécie de sistema de significantes que, podemos dizer, são "tipos de linguagens por elas mesmas" ou associações que promovem uma verdadeira linguagem simbólica (Kristeva, 1981, p. 271).

No fragmento de análise de um caso de histeria, o *caso Dora*, Freud se depara com a dúvida sobre a origem somática ou psíquica dos sintomas histéricos. Porém, conclui que um sintoma histérico "não pode ser produzido sem certa solicitação somática presenteada por um processo normal ou patológico, no interior do órgão do corpo ou relativo a um determinado órgão. Mas não se produz mais que uma única vez se não possuir um significado (valor de intencionalidade) psíquico, um *sentido*. E o sintoma histérico não traz consigo esse sentido, mas lhe é emprestado, é a ele soldado, e em cada caso modifica-se conforme a natureza dos pensamentos sufocados que lutam por se expressar" (Freud, 1905/2003s, p. 37, tradução nossa).

O sintoma histérico encontra expressão no corpo, mas nem por isso encontra uma causa corporal; é sempre repetido, pois faz parte do seu caráter a busca de um sentido no qual possa se atrelar. Da mesma maneira que podemos observar um discurso subliminar parcialmente dissociado do discurso consciente da linguagem lógica, o sintoma também aparece como um texto desfigurado de representações reprimidas e expulsas da consciência. "E quando se empreende um trabalho analítico, se observa que o sintoma tem mais de um significado e serve para figurar vários elos inconscientes de pensamento." (Freud, 1905/2003s, p. 42, tradução nossa). Isso nos leva a pensar que talvez seja necessário ver esse sintoma de aspecto desfigurado como se fosse uma composição de recordações e fantasias a ser decomposta pelo trabalho de interpretação feito pelo analista e rearranjada em um trabalho de elaboração e construção pelo paciente. Segundo Ricoeur, é o texto da "palavra primitiva do desejo" (Ricoeur, 1965, p. 16, tradução nossa) que a análise quer substituir por um outro texto, e o que se encontra no centro da análise não é o desejo propriamente dito, mas sua linguagem; uma linguagem simbólica em que, numa superposição entre a significação e a coisa, se estabelece uma relação que vai do sentido ao sentido. O trabalho de interpretação do simbólico seria "um trabalho de interpretação em que se explicita outro sentido ou ainda sentidos múltiplos" (Ricoeur, 1965, p. 23, tradução nossa), dos elos inconscientes de pensamento envolvidos no sintoma e, portanto, uma dissociação entre significação e coisa. "É o trabalho quase que interminável da interpretação que revela a riqueza, a sobredeterminação do sentido e torna manifesto que o símbolo pertença ao discurso integral" (Ricoeur, 1965, p. 29, tradução nossa). Ou seja, a explicitação de outros significados na linguagem simbólica é tornar o símbolo uma alegoria que nele já estava engendrada.

Se, por um lado, a interpretação, como um dos aspectos da técnica psicanalítica, aborda o modo como a análise decorre, isto é, desde desdobramentos da linguagem que revelam os conflitos patológicos entre as pulsões e o ego e a expressão do desejo; por outro, tem-se também que o analista, ao trabalhar a "matéria-prima", assim referida por Freud, deve produzir o desejado:

> *e o desejado é uma imagem confiável e íntegra em todas as suas peças essenciais dos anos esquecidos da vida do paciente. . . . Todos sabemos que o analisado deve ser movido a recordar algo vivenciado e reprimido por ele, e o analista deve compilar o esquecido a partir dos indícios que o analisado deixou para trás, melhor dizendo, deve construí-lo. (Freud, 1937/2004m, p. 260, tradução nossa)*

O trabalho de construção ou reconstrução, diz Freud, é semelhante ao trabalho do arqueólogo, que a partir de restos de muros, objetos ou, ainda, recortes de desenhos, restabelece as estruturas correspondentes, os objetos e até mesmo quadros inteiros. Também o analista, a partir de retalhos de lembranças e das associações estabelecidas pelo analisado, reconstrói sua história esquecida e reprimida, bem como sua pré-história desconhecida: "todo o essencial foi conservado, ainda que pareça esquecido por completo, encontra-se, todavia, presente de algum modo e em alguma parte, mas soterrado e inacessível ao indivíduo" (Freud, 1937/2004m, p. 262, tradução nossa). Além da comparação do trabalho de construção com o trabalho arqueológico, Freud o compara ao mecanismo de formações delirantes, alucinações: "assim como nossa construção produz seu efeito por restituir um fragmento de biografia do passado, também o delírio deve sua força de convicção à parte da verdade histórico-vivenciada que coloca no lugar da realidade rechaçada" (Freud, 1937/2004m, pp. 269-270, tradução nossa).

As construções feitas na sessão de análise envolvem um trabalho mútuo do analisado e do analista de modo a se alternarem construções e lembranças por ela suscitada. No entanto, tais lembranças bem podem movimentar pulsões provenientes do reprimido que se deparam com as resistências do ego, mas nem por isso deixam de emergir à consciência, ainda que de maneira deslocada e desfigurada. Ou seja, tais lembranças emergem de maneira alucinatória como se "aproveitassem o estranhamento relativo à realidade para impor à consciência, na qual as resistências foram excitadas, para que o desejo se cumpra e compartilhar a responsabilidade da desfiguração e do deslocamento" (Freud, 1937/2004m, p. 268, tradução nossa). E não seria justamente dessa maneira que as construções feitas na análise incitariam, como verdadeiros motores, uma expressão simbólica do discurso da recordação?

Conclusão

Para além do simbólico

Em *Moisés e a religião monoteísta*, de 1934, obra publicada apenas postumamente, Freud se refere à disposição *tópica* das instâncias psíquicas como tendo um valor *genético*. Explica que isso se deve ao fato de o ego não coincidir com o reprimido, ou com a consciência, e se desenvolver apoiado no id (instância mais antiga), "como um estrato cortical por obra do influxo do mundo exterior" (Freud, 1934/2004n, p. 92, tradução nossa), mas que mantém uma zona inconsciente de influxo recíproco com o id. Também o id não coincide completamente com o reprimido, pois, ainda que todo reprimido seja inconsciente, nem todo inconsciente, seja pertencente ao id, seja pertencente ao ego, coincide com o reprimido. Como vimos, o reprimido só pode existir após uma separação completa das instâncias, como decorrência da exclusão de certas impressões ou de processos psíquicos em função de mecanismos defensivos por parte do ego. Isto é, o inconsciente reprimido apresenta características próprias por se comportar de forma pulsional, por estar entremeado ao id, bem como "por ser regido por normas e regras características de outra região (do ego)" (Monzani, 1989, p. 297). Aquilo que foi um dia reprimido permanece sufocado e inconsciente, mas "conserva sua pulsão emergente e sua aspiração para avançar até a consciência", embora só o consiga sob determinadas condições e de maneira disfarçada (Freud, 1934/2004n, p. 91, tradução nossa).

Deste modo, para Freud o valor genético da disposição tópica reside tanto numa herança da própria formação do reprimido que produz efeitos desde o id como numa herança que não necessariamente fora vivenciada e reprimida, mas que, conforme vimos no segundo capítulo, pertence ao patrimônio filogenético (fantasias primordiais) e é transmitido no indivíduo sob a forma de esquemas. Ele busca ainda uma outra explicação para a herança arcaica, filogenética, baseada na "própria universalidade do simbolismo da linguagem: a substituição simbólica de um assunto pelo outro seria coisa corrente, por assim dizer, natural em todas as crianças. Não podemos investigar como a aprenderam, e em muitos casos temos que admitir que uma aprendizagem foi impossível. Trata-se de um saber originário esquecido no adulto" (Freud, 1934/2004n, p. 95, tradução nossa).

Se Freud considera o reprimido e as fantasias originárias como uma herança genética que teriam expressão no próprio simbolismo da linguagem, poderíamos também atribuir um valor genético aos processos dinâmicos do desenvolvimento psíquico, como propusemos no nosso trabalho: a aquisição da linguagem verbal como processo simbólico e a saída desse processo simbólico como uma necessidade imposta pela própria diferenciação de instâncias psíquicas.

No indivíduo, a barreira da censura que se erige entre o que é consciente e o que é inconsciente acaba por diferenciar e consolidar as instâncias que antes se encontravam parcialmente mescladas. Chamamos esse período de simbólico, ou, ainda, período em que a linguagem é simbólica, refere-se apenas a si própria, e que se encerra assim que as palavras emitidas pela criança ganham um significado exterior a elas mesmas, período em que as coisas passam a ser referidas pelos seus nomes, isto é, assim que elas se tornam alegóricas.

A saída do período simbólico significaria, portanto, um processo dinâmico natural e necessário para o próprio desenvolvimento psíquico da criança que pode ser retomado na cultura em algumas situações, como no chiste ou na obra de arte. Entretanto, o período simbólico infantil pode ser recapitulado pelo neurótico na situação analítica, que apresenta em seu discurso consciente elementos inconscientes que o deslocam e o desfiguram. Segundo Freud, "o que esses enfermos nos contam de suas traduções simbólicas e de suas fantasias que penetraram na consciência, coincide ponto por ponto com os resultados de nossas indagações sobre o inconsciente dos que sofrem de neurose de transferência" (Freud, 1917/2005j, p. 413, tradução nossa). A transferência seria então "o espaço" simbólico em que há uma liberação dos conflitos pulsionais originários, ainda que de maneira disfarçada sob a roupagem dos conflitos transferenciais. Para que a cura aconteça na finalização da análise é necessário que "a própria transferência seja desmontada" (Freud, 1917/2005j, p. 412, tradução nossa) ou, nos termos que propusemos, seria necessária uma saída do simbólico da transferência e uma *ressignificação* alegórica desses conflitos libidinais.

Portanto, o período tomado aqui por simbólico é para o indivíduo humano tão crucial quanto transitório, seja para o desenvolvimento psíquico e da linguagem, seja para o processo de cura analítica. *Crucial* porque seria a expressão particular característica do período em que as instâncias ou os sistemas psíquicos não se encontram completamente diferenciados. *Transitório* porque tais instâncias ou sistemas devem ser diferenciados à medida que a realidade exterior ao psiquismo se consolida para este último e torna-se um fato consumado.

Referências

Obras de Sigmund Freud

Freud, S. (1983). *Contribution à la conception des aphasies*. Trad. Claude van Reeth. Paris: PUF.

Freud, S. (1985). *Neurose de transferência*: uma síntese. Trad. Abram Eksterman. Rio de Janeiro: Imago.

Freud, S. (1991). 32ª Conferencia. In *Nuevas conferencias de introducción al psicoanálisis y otras obras (1932-1936)*. Vol. XXII (José Etcheverry, Trad.). Buenos Aires: Amorrortu Editores.

Freud, S. (2001a). Carta 52 (6 de dezembro de 1896). In *Publicaciones prepsicoanalíticas y manuscritos inéditos en vida de Freud (1886-1899)*. Vol. I. Buenos Aires: Amorrortu Editores.

Freud, S. (2001b). Bosquejos de la "comunicacíon preliminar". In *Publicaciones prepsicoanalíticas y manuscritos inéditos en vida de Freud (1886-1899)*. Vol. I (José Etcheverry, Trad.). Buenos Aires: Amorrortu Editores.

Freud, S. (2001c). Proyecto de psicología. In *Publicaciones prepsicoanalíticas y manuscritos inéditos en vida de Freud (1886-1899)*. Vol. I (José Etcheverry, Trad.). Buenos Aires: Amorrortu Editores.

Freud, S. (2001d). 35ª conferencia. In *Nuevas conferencias de introducción al psicoanálisis y otras obras (1932-1936)*. Vol. XXII (José Etcheverry, Trad.). Buenos Aires: Amorrortu Editores.

Freud, S. (2001e). Tratamiento psíquico (tratamento del alma). In *Publicaciones prepsicoanalíticas y manuscritos inéditos en vida de Freud (1886-1899)*. Vol. I (José Etcheverry, Trad.). Buenos Aires: Amorrortu Editores.

Freud, S. (2001f). 32ª Conferencia. Angustia y vida pulsional. In *Nuevas conferencias de introducción al psicoanálisis y otras obras (1932-1936)*. Vol. XXII (José Etcheverry, Trad.). Buenos Aires: Amorrortu Editores.

Freud, S. (2001g). Carta 69 (21 de setembro de 1897). In *Publicaciones prepsicoanalíticas y manuscritos inéditos en vida de Freud (1886-1899)*. Vol. I. Buenos Aires: Amorrortu Editores.

Freud, S. (2001h). Manuscrito M [Anotações II] (25 de mayo de 1897). In *Publicaciones prepsicoanalíticas y manuscritos inéditos en vida de Freud (1886-1899)*. Vol. I. Buenos Aires: Amorrortu Editores.

Freud, S. (2003a). 11ª Conferencia. El trabajo del sueño. In *Conferencias de introducción al psicoanálisis (partes I y II) (1915-1916)*. Vol. XV. Buenos Aires: Amorrortu Editores.

Freud, S. (2003b). 28ª Conferencia. La terapia analítica. In *Conferencias de introducción al psicoanálisis (parte III) (1916-1917)*. Vol. XVI. Buenos Aires: Amorrortu Editores.

Freud, S. (2003c). La represión (1915). In *Contributión a la historia del movimiento psicoanalítico, trabajos sobre metapsicología y otras obras (1914-1916)*. Vol. XIV (José Etcheverry, Trad.). Buenos Aires: Amorrortu Editores.

Freud, S. (2003d). Pulsiones y destinos de pulsión. In *Contribución a la historia del movimiento psicoanalítico, trabajos sobre metapsicología y otras obras (1914-1916)*. Vol. XIV (José Etcheverry, Trad.). Buenos Aires: Amorrortu Editores.

Freud, S. (2003e). Lo inconsciente. In *Contribución a la historia del movimiento psicoanalítico, trabajos sobre metapsicología y otras obras (1914-1916)*. Vol. XIV (José Etcheverry, Trad.). Buenos Aires: Amorrortu Editores.

Freud, S. (2003f). Tres ensayos de teoría sexual. In *Fragmento de análisis de un caso de histeria, Tres ensayos de teoría sexual y otras obras (1901-1905)*. Vol. VII (José Etcheverry, Trad.). Buenos Aires: Amorrortu Editores.

Freud, S. (2003g). Projeto de uma psicologia. In *Notas a projeto de uma psicologia* (Osmyr Faria Gabbi Jr., Trad.). São Paulo: Imago.

Freud, S. (2003h). Nota sobre la "pizzarra mágica". In *El yo y el ello y otras obras (1923-1925)*. Vol. XIX (José Etcheverry, Trad.). Buenos Aires: Amorrortu Editores.

Freud, S. (2003i). *La transitoriedad (1916). In Contribución a la historia del movimiento psicoanalítico, trabajos sobre metapsicología y otras obras (1914-1916)*. Vol. XIV (José Etcheverry, Trad.). Buenos Aires: Amorrortu Editores.

Freud, S. (2003j). Las fantasías histéricas y su relación con la bisexualidad. In *El delirio y los sueños en la Gradiva de W. Jensen y otras obras (1906-1908)*. Vol. IX (José Etcheverry, Trad.). Buenos Aires: Amorrortu Editores.

Freud, S. (2003k). 5ª Conferencia. Dificultades y primeras aproximaciones. In *Conferencias de introducción al psicoanálisis (1915-1916) (Partes I y II)*. Vol. XV (José Etcheverry, Trad.). Buenos Aires: Amorrortu Editores.

Freud, S. (2003l). De la historia de una neurosis infantil. In *De la historia de una neurosis infantil (caso del "Hombre de los Lobos") y otras obras (1917-1919)*. Vol. XVII (José Etcheverry, Trad). Buenos Aires: Amorrortu Editores.

Freud, S. (2003m). Sobre las trasposiciones de la pulsión, en particular del erotismo anal. In *De la historia de una neurosis infantil (caso del "Hombre de los Lobos") y otras obras (1917-1919)*. Vol. XVII (José Etcheverry, Trad). Buenos Aires: Amorrortu Editores.

Freud, S. (2003n). Introducción del narcisismo. In *Contribución a la historia del movimiento psicoanalítico; Trabajos sobre metapsicología y otras obras (1914-1916)*. Vol. XIV (José Etcheverry, Trad). Buenos Aires: Amorrortu Editores.

Freud, S. (2003o). El sepultamiento del complejo de Edipo. In *El yo y el ello y otras obras (1923-1925)*. Vol. XIX (José Etcheverry, Trad). Buenos Aires: Amorrortu Editores.

Freud, S. (2003p). El yo y el ello. In *El yo y el ello y otras obras (1923-1925)*. Vol. XIX (José Etcheverry, Trad). Buenos Aires: Amorrortu Editores.

Freud, S. (2003q). Tótem y tabú. In *Tótem y tabú y otras obras (1913-1914)*. Vol. XIII (José Etcheverry, Trad). Buenos Aires: Amorrortu Editores.

Freud, S. (2003r). Sobre psicoterapia. In *Fragmento de análisis de un caso de histeria (Dora); Tres ensayos de teoría sexual y otras obras (1901-1905)*. Vol. VII (José Etcheverry, Trad). Buenos Aires: Amorrortu Editores.

Freud, S. (2003s). Fragmento de análisis de un caso de histeria. In *Fragmento de análisis de un caso de histeria (Dora); Tres ensayos de teoría sexual y otras obras (1901-1905)*. Vol. VII (José Etcheverry, Trad). Buenos Aires: Amorrortu Editores.

Freud, S. (2003t). Duelo y melancolía. In *Contribución a la historia del movimiento psicoanalítico; Trabajos sobre metapsicología y otras obras (1914-1916)*. Vol. XIV (José Etcheverry, Trad). Buenos Aires: Amorrortu Editores.

Freud, S. (2004a). Inhibición, síntoma y angustia. In *Presentación autobiográfica; Inhibición, síntoma y angustia; ¿Pueden los legos ejercer el análisis?; y otras obras (1925-1926)*. Vol. XX. Buenos Aires: Amorrortu Editores

Freud, S. (2004b). Más allá del principio de placer. In *Más allá del principio de placer, Psicología de las masas y análisis del yo y otras obras (1920-1922)*. Vol. XVIII (José Etcheverry, Trad.). Buenos Aires: Amorrortu Editores.

Freud, S. (2004c). Formulaciones sobre los dos princípios del acaecer psíquico. In *Sobre un caso de paranoia descrito autobiográficamente; Trabajos sobre técnica psicoanalítica y otras obras (1911-1913)*. Vol. XII (José Etcheverry, Trad.). Buenos Aires: Amorrortu Editores.

Freud, S. (2004d). El malestar en la cultura. In *El porvenir de una ilusión; El malestar en la cultura y otras obras (1927-1931)*. Vol. XXI (José Etcheverry, Trad.). Buenos Aires: Amorrortu Editores.

Freud, S. (2004e). Esquema del psicoanálisis. In *Moisés y la religión monoteísta; Esquema del psicoanálisis y otras obras (1937-1939)*. Vol. XXIII (José Etcheverry, Trad.). Buenos Aires: Amorrortu Editores.

Freud, S. (2004f). La interpretación de los sueños. In *La interpretación de los sueños (primera parte) (1900)*. Vol. IV (José Etcheverry, Trad.). Buenos Aires: Amorrortu Editores.

Freud, S. (2004g). El porvenir de una ilusión. In *El porvenir de una ilusión; El malestar en la cultura y otras obras (1927-1931)*. Vol. XXI (José Etcheverry, Trad.). Buenos Aires: Amorrortu Editores.

Freud, S. (2004h). Psicología de las masas y análisis del yo. In *Más allá del principio del placer; Psicología de las masas y análisis del yo y otras obras (1920-1922)*. Vol. XVIII (José Etcheverry, Trad.). Buenos Aires: Amorrortu Editores.

Freud, S. (2004i). *El chiste y su relación con lo inconciente (1905)*. Vol. VIII (José Etcheverry, Trad.). Buenos Aires: Amorrortu Editores.

Freud, S. (2004j). Sobre el sueño. In *La interpretación de los sueños (segunda parte); Sobre el sueño (1900-1901)*. Vol. V (José Etcheverry, Trad.). Buenos Aires: Amorrortu Editores

Freud, S. (2004k). Sobre la dinámica de la transferencia. In *Sobre un caso de paranoia descrito autobiograficamente (Schereber); Trabajos sobre técnica psicoanalítica y otras obras (1911-1913)*. Vol. XII (José Etcheverry, Trad.). Buenos Aires: Amorrortu Editores.

Freud, S. (2004l). Recordar, repetir y reelaborar (nuevos consejos sobre la técnica del psicoanálisis. In *Sobre un caso de paranoia descrito autobiograficamente (Schreber); Trabajos sobre técnica psicoanalítica y otras obras (1911-1913)*. Vol. XII (José Etcheverry, Trad.). Buenos Aires: Amorrortu Editores.

Freud, S. (2004m). Construcciones en el análisis. In *Moisés y la religión monoteísta; Esquema del psicoanálisis y otras obras*

(1937-1939). Vol. XXIII (José Etcheverry, Trad.). Buenos Aires: Amorrortu Editores.

Freud, S. (2004n). Moisés y la religión monoteísta. In *Moisés y la religión monoteísta; Esquema del psicoanálisis y otras obras (1937-1939)*. Vol. XXIII (José Etcheverry, Trad.). Buenos Aires: Amorrortu Editores.

Freud, S. (2004o). La interpretación de los sueños. In *La interpretación de los sueños (segunda parte); Sobre el sueño (1900-1901)*. Vol. V (José Etcheverry, Trad.). Buenos Aires: Amorrortu Editores.

Freud, S. (2004p). Asociación de ideas de una niña de cuatro años. In *Más allá del principio del placer; Psicología de las masas y análisis del yo y otras obras (1920-1922)*. Vol. XVIII (José Etcheverry, Trad.). Buenos Aires: Amorrortu Editores.

Freud, S. (2005a). Las neuropsicosis de defesa. In *Primeras publicaciones psicoanalíticas (1893-1899)*. Vol. III (José Etcheverry, Trad.). Buenos Aires: Amorrortu Editores.

Freud, S. (2005b). La sexualidad en la etiología de las neurosis. In *Primeras publicaciones psicoanalíticas (1893-1899)*. Vol. III (José Etcheverry, Trad.). Buenos Aires: Amorrortu Editores.

Freud, S. (2005c). 23ª Conferencia. Los caminos de la formación del síntoma. In *Conferencias de introducción al psicoanálisis (1916-1917)*. (Parte III) Vol. XVI (José Etcheverry, Trad.). Buenos Aires: Amorrortu Editores.

Freud, S. (2005d). 22ª Conferencia. Algunas perspectivas sobre el desarrollo y la regresión. Etiologia. In *Conferencias de introducción al psicoanálisis (1916-1917) (Parte III)*. Vol. XVI (José Etcheverry, Trad.). Buenos Aires: Amorrortu Editores.

Freud, S. (2005e). 20ª Conferencia. La vida sexual de los seres humanos. In *Conferencias de introducción al psicoanálisis (1916-1917) (Parte III)*. Vol. XVI (José Etcheverry, Trad.). Buenos Aires: Amorrortu Editores.

Freud, S. (2005f). 26ª Conferencia. La teoría de la libido y el narcisismo. In *Conferencias de introducción al psicoanálisis (1916-1917) (Parte III)*. Vol. XVI (José Etcheverry, Trad.). Buenos Aires: Amorrortu Editores.

Freud, S. (2005g). 19ª Conferencia. Resistencia y represión. In *Conferencias de introducción al psicoanálisis (parte III) (1916-1917)*. Vol. XVI (José Etcheverry, Trad.). Buenos Aires: Amorrortu Editores.

Freud, S. (2005h). 25ª Conferencia. La angustia. In *Conferencias de introducción al psicoanálisis (parte III) (1916-1917)*. Vol. XVI (José Etcheverry, Trad.). Buenos Aires: Amorrortu Editores.

Freud, S. (2005i). 27ª Conferencia. La transferencia. In *Conferencias de introducción al psicoanálisis (parte III) (1916-1917) (Parte III)*. Vol. XVI (José Etcheverry, Trad.). Buenos Aires: Amorrortu Editores.

Freud, S. (2005j). 28ª Conferencia. La terapia analítica. In *Conferencias de introducción al psicoanálisis (parte III) (1916-1917)*. Vol. XVI (José Etcheverry, Trad.). Buenos Aires: Amorrortu Editores.

Freud, S. (2005k). 21ª Conferencia. Desarollo libidinal y organizaciones sexuales. In *Conferencias de introducción al psicoanálisis (parte III) (1916-1917)*. Vol. XVI (José Etcheverry, Trad.). Buenos Aires: Amorrortu Editores.

Freud, S. (2006a). *Un souvenir d'enfance de Léonard de Vinci*. Trad. Janina Altounian, André e Odile Bourguignon, Pierre Cotet et Alain Rauzy. Paris: Gallimard.

Freud, S. (2006b). Formulations on the two principles of psychic functioning. In *The Penguin Freud reader*. Org. Adam Philips. London: Penguin.

Freud, S. (2006c). Breuer, J.; & Freud, S. Sobre el mecanismo psíquico de fenómenos histéricos: comunicación preliminar (1893). In *Estudios sobre la histeria (1893-1895)*. Vol. II. Buenos Aires: Amorrortu Editores.

Freud, S. (2006d). Historiales clínicos (Señorita Elisabeth von R). In *Estudios sobre la histeria (1893-1895)*. Vol. II. Buenos Aires: Amorrortu Editores.

Freud, S. (2006e). Sobre la psicoterapia de la histeria (1895). In *Estudios sobre la histeria (1893-1895)*. Vol. II. Buenos Aires: Amorrortu Editores.

Freud, S. (2007). *L'inquietante étrangeté et autres textes*. Trad. Fernand Cambon. Paris: Gallimard.

Estudos sobre Psicanálise (citados/consultados)

Assoun, P-L. (1993). *Introduction à la métapsychologie freudienne*. Paris: PUF.

Assoun, P-L. (1976). *Freud, la philosophie, et les philosophes*. Paris: PUF.

Benveniste, E. (1966). Remarques sur la fonction du langage dans la découverte freudienne. In *Problèmes de linguistique générale I*. Paris: Gallimard.

Binswanger, L. (1970). *Analyse existentielle et psychanalyse freudienne: discours, parcours et Freud*. Trad. Roger Lewinter. Paris: Gallimard.

Birman, J. (1991). *Freud e a interpretação psicanalítica (segunda parte)*. Rio de Janeiro: Relume Dumará.

Carone, M. (1983). A negação: um claro enigma de Freud. *Discurso*, v. 15, p. 130. (Marilene Carone, Trad.).

Forrester, J. (1980). Language and the origins of psychoanalysis. New York: Columbia University Press.

Fullinwider, S. P. Sigmund Freud, Jonh Hughlings Jackson and speech. *Journal of the History of Ideas*, v. 44, (1), 1983.

Gabbi Jr., O. F. *Notas a projeto de uma psicologia*. Rio de Janeiro: Imago, 2003.

Goddard, J.-C. (Org.). (2006). *La pulsion*. Paris: Vrin.

Gombrich, E. H. (1984). Verbal Wit as a Paradigm of Art. In *Tributes* – Interpreters of our cultural tradition. Londres: Phaidon Press.

Green, A. (1982). *O discurso vivo, uma teoria psicanalítica do afeto*. Trad. Ruth Joffily Dias. Rio de Janeiro: Francisco Alves.

Greenberg, V. D. (1997). Freud and his aphasia book. New York: Cornell University Press.

Kofman, S. (1985). *L'infance de l'art*: une interprétation de l'esthetique freudienne. Paris: Éditions Galilée.

Kris, E. (in collaboration with Gombrich, E. H.). (1952). *Psychoanalytic explorations in art*. New York: International Universities Press.

Laplanche, J. e Pontalis, J-B. (1979). *Vocabulário da psicanálise*. Trad. Pedro Tamen. São Paulo: Martins Fontes.

Laplanche, J. e Pontalis, J-B. (1986). *Fantasia originária, fantasias das origens, origens da fantasia*. Trad. Álvaro Cabral. Rio de Janeiro: Jorge Zahar.

Laplanche, J. (1978). *Interpretar [con] Freud y otros ensayos*. Trad. Jorge Alberto Zarza. Buenos Aires: Ediciones Nueva Visión.

Maugüé, J., Carone, M. e Souza, P. C. (Orgs.). (1990). Sigmund Freud e o gabinete do dr. Lacan. Trad. Lando, I. M. e Souza, P. C. São Paulo: Editora Brasiliense.

Memmi, G. (1996). *Freud et la création littéraire*. Paris: Editions L'Harmattan.

Mezan, R. (1998). *Tempo de muda*. Ensaios de psicanálise. São Paulo: Companhia das Letras.

Mezan, R. (2001). *Freud*: a trama dos conceitos. São Paulo: Perspectiva.

Monzani, L. R. (1989). *Freud, o movimento de um pensamento*. Campinas: Unicamp.

Monzani, L. R. (2005). O paradoxo do prazer em Freud. In Fulgencio, L. e Simanke, R. T. (Orgs.), *Freud na filosofia brasileira*. São Paulo: Escuta.

Monzani, L. R. (1990). A fantasia freudiana. In Prado Jr. (Org.), *Filosofia da Psicanálise*. São Paulo: Editora Brasiliense.

Neu, J. (org.). (1991). *The Cambridge companion to Freud*. Cambridge: University Press.

Phillips, A. (2007). After Strachey: translating Freud. *London review of books*, 29, (19).

Ricoeur, P. (1965). *De l'intrepretation*: essai sur Freud. Paris: Éditions du Seuil.

Ricoeur, P. (2008). *Écrits et conferences 1*. Autour de la psychanalyse. Paris: Éditions du Seuil.

Roazen, P. (1989). *Comment Freud analysait*. Paris: Navarrin.

Sacco F. e Sauvet, S. (1998). *Le propre de l'homme.* Psychanalyse et préhistoire. Paris: Delachaux et Niestlé.

Schelling, F. W. J. (1988). *Sistema del idealismo transcendental* (Rivera & Dominguez, Trads.). Barcelona: Anthropos.

Schelling, F. W. J. (2001). *Filosofia da arte* (Márcio Suzuki, Trad). São Paulo: Edusp.

Schneider, M. (1993). *Afeto e linguagem nos primeiros escritos de Freud.* Trad. Monica Seincman. São Paulo: Escuta.

Souza, P. C. (1998). *As palavras de Freud. O vocabulário freudiano e suas versões.* São Paulo: Ática.

Starobinski, J. (1970). *L'oeil vivant II.* La relation critique. Paris: Gallimard.

Wolheim, R. (1971). *As idéias de Freud.* São Paulo: Cultrix.

Wood, M. (2006). There is no cure: Freud's guesswork. *London Review of Books, 28*, 13.

Outros autores

Cacciola, M. L. (2007). A morte, musa da filosofia. In *Cadernos de Filosofia Alemã*, v. 9. São Paulo.

Cacciola, M. L. (1995). A vontade a pulsão em Schopenhauer. In Moura, A. H. (Org.), *As pulsões.* São Paulo: Escuta/EDUC.

Carpenter, M. B. (1995). *Fundamentos da neuroanatomia.* São Paulo: Panamericana.

Clastres, P. (2004). *A arqueologia da violência – pesquisas de antropologia política.* Trad. Paulo Neves. São Paulo: Cosac & Naify.

Condillac, E. (1973a). *Essai sur l' origine des connaissances humaine* (1746). Paris: Éditions Galilée.

Condillac, E. (1973b). Lógica. In *Os pensadores XXVI* (Nelson Aguilar, Trad.). São Paulo: Editora Abril.

Cornford, F. M. (1989). *Principium SapientiÆ*: as origens do pensamento filosófico grego. Trad. Maria Manuela Rocheta dos Santos. Lisboa: Calouste-Gulbenkian.

Cornford, F. M. (1971). *Thucydides Mythistoricus*. Philadelphia: University of Pennsylvania Press.

Degérando, M-J. (1973). Introdução dos signos da arte de pensar. In *Os Pensadores XXVI*. Trad. Franklin Leopoldo e Silva e Victor Knoll. São Paulo: Editora Abril.

Deleuze, G. (1987). *A filosofia crítica de Kant*. Trad. Geminiano Franco. Lisboa: Edições 70.

Dobránszky, E. A. (1993). *No tear de Palas*: imaginação e gênio no séc. XVIII. Campinas: Unicamp.

Frazer, J. (1994). *The golden bough (1890)*. London: Chancellor Press.

Friedlander, W. (1974). *Caravaggio Studies*. New Jersey: Princeton University Press.

Frye, N. (1973). *Anatomia da crítica*. Trad. P. E. Silva Ramos. São Paulo: Cultrix.

Goethe, J. W. (2006). Imitação simples da natureza, maneira, estilo. In *Escritos sobre arte*. Trad. Marco Aurélio Werle. São Paulo: Humanitas.

Heller-Roazen, D. (2005). *Echolalias on the Forgetting of Language*. New York: Zone Books.

Jakobson, R. (1971). *Studies on Child Language and Aphasia*. Paris/The Hague: Moutoun.

Kristeva, J. (1981). *Le langage, cet inconnu*: une initiation à la linguistique. Paris: Éditions du Seuil.

Leroi-Gourhan, A. (1964/1965). *O gesto e a palavra, vol. 02*. Trad. Emanuel Godinho. Lisboa: Edições 70.

Lévi-Strauss, C. (1963). *Le totémisme aujourd'hui*. Paris: Plon.

Mauss, M. (2003). *Sociologia e Antropologia (1950)*. Trad. Paulo Neves. São Paulo: Cosac & Naify.

Novalis, F. V. H. (1988). *Pólen*: fragmentos, diálogos, monólogo. Trad. Rubens Rodrigues Torres Filho. São Paulo: Iluminuras.

Panofsky, E. (1994). *Idea*: a evolução do conceito de belo. Trad. Paulo Neves. São Paulo: Martins Fontes.

Schelling, F. W. J. (1978). *Textes esthétiques*. Trad. Alain Pernet. Paris: Klincksieck.

Schelling, F. W. J. (1988). *Sistema del idealismo transcendental*. Trad. Rivera & Dominguez. Barcelona: Anthropos.

Schelling, F. W. J. (1996). Philosophie der Mythogie. Paderborn: Wilhelm Fink GmbH & Co Verlags-KG.

Schelling, F. W. J. (2001). *Filosofia da arte*. Trad. Márcio Suzuki. São Paulo: Edusp.

Schlegel, F. (1997). *O dialeto dos fragmentos*. Trad. Márcio Suzuki. São Paulo: Iluminuras.

Smith, A. (1982). Of the Nature of that Imitations Which Takes Place in What are Called the Imitative Arts. In *Essays on Philosophical Subjects (1795)*. Indianapolis: Liberty Fund.

Todorov, T. (1977). *Théories du symbole*. Paris: Éditions du Seuil.

Torres Filho, R. R. (2004). O simbólico em Schelling. In *Ensaios de filosofia ilustrada.* 2ª ed. São Paulo: Iluminuras.

Vernant, J-P. (1988). *Mito e pensamento entre os gregos.* Trad. Haiganuch Sarian. Rio de Janeiro: Paz e Terra.

Victor, M. e Ropper, A. H. (2001). *Principles of Neurology.* New York: McGraw-Hill.

Epígrafes

Casares, A. B. (2006). *Histórias fantásticas.* Trad. José Geraldo Couto. São Paulo: Cosac & Naify.

Herder, J. G. *Ensaio sobre a origem da linguagem.* Trad. José Justo. Lisboa: Antígona, 1987.

Lispector, C. (1987). *A maçã no escuro.* Rio de Janeiro: Francisco Alves, 1961.

Moutinho, J. V. (2003). *Os melhores contos portugueses do sec. XIX.* Rio de Janeiro: Landy.

Novalis, F. V. H. (1988). *Pólen*: fragmentos, diálogos, monólogo. Trad. Rubens Rodrigues Torres Filho. São Paulo: Iluminuras.

Todorov, T. (1977). *Théories du symbole.* Paris: Éditions du Seuil.

Série Psicanálise Contemporânea

Adoecimentos psíquicos e estratégias de cura: matrizes e modelos em psicanálise, de Luís Claudio Figueiredo e Nelson Ernesto Coelho Junior

O brincar na clínica psicanalítica de crianças com autismo, de Talita Arruda Tavares

Budapeste, Viena e Wiesbaden: O percurso do pensamento clínico-teórico de Sándor Ferenczi, de Gustavo Dean-Gomes

Do pensamento clínico ao paradigma contemporâneo: diálogos, de André Green e Fernando Urribarri

Do povo do nevoeiro: psicanálise dos casos difíceis, de Fátima Flórido Cesar

Expressão e linguagem: aspectos da teoria freudiana, de Janaina Namba

Fernando Pessoa e Freud: diálogos inquietantes, de Nelson da Silva Junior

Heranças invisíveis do abandono afetivo: um estudo psicanalítico sobre as dimensões da experiência traumática, de Daniel Schor

A indisponibilidade sexual da mulher como queixa conjugal: a psicanálise de casal, o sexual e o intersubjetivo, de Sonia Thorstensen

Interculturalidade e vínculos familiares, de Lisette Weissmann

Janelas da psicanálise, de Fernando Rocha

Os lugares da psicanálise na clínica e na cultura, de Wilson Franco

Metapsicologia dos limites, de Camila Junqueira

Nem sapo, nem princesa: terror e fascínio pelo feminino, de Cassandra Pereira França

Neurose e não neurose, 2. ed., de Marion Minerbo

Psicanálise e ciência: um debate necessário, de Paulo Beer

Psicossomática e teoria do corpo, de Christophe Dejours

Relações de objeto, de Decio Gurfinkel

O tempo e os medos: a parábola das estátuas pensantes, de Maria Silvia de Mesquita Bolguese

GRÁFICA PAYM
Tel. [11] 4392-3344
paym@graficapaym.com.br